DMZ 접경지역 기행 7

파주편

7

D　M　Z
접경지역
기　　　행

파주

건국대학교
통일인문학연구단
DMZ연구팀

경인문화사

목
차

DMZ

01 _____

구중궁궐에서 살다간
왕족들의 삶과 죽음,
조선의 왕과 왕비의 능

| 공릉 – 순릉 – 영릉 – 파주 소령원 – 파주 수길원 – 파주 장릉 – 김포 장릉

절대 권력자의 딸이 묻힌 곳, 공릉

권력자의 업보와 비애, 순릉

남성적 봉건 질서가 씌운 굴레, 영릉

어머니의 한을 달랜 영조, 파주 소령원

구중궁궐에 갇힌 삶, 파주 수길원

호란의 늪에 빠진 반정의 왕, 파주 장릉

권력투쟁에 휘말린 죽음들, 김포 장릉

_____ 파주는 한강과 임진강, 한탄강을 경계로 하여 서쪽으로는 김포시, 동쪽으로는 양주시와 연천군, 남쪽으로는 고양시에 접해 있다. 또한, 북쪽으로는 임진강을 경계로 북의 개풍군, 개성시와도 경계를 이루고 있다. 남북에 걸쳐 있는 여섯 개의 시군구와 경계를 접한 곳은 대한민국에서 파주시가 유일하다. 그래서 파주시를 '통일의 관문'이라고 부르는지도 모르겠다. 파주 문산에서 서울 은평구로 이어지는 도로 이름이 '통일로'이고, 파주 왼편의 강변북로로부터 북의 개성으로 이어지는 도로가 '자유로'인 것은 결코 우연이 아니다.

_____ 그런데 파주의 특색은 이분만이 아니다. 파주에는 2009년 6월 유네스코(UNESCO) 세계 문화유산으로 등재된 네 기의 능陵과 두 기의 원園이 있다. 사전적으로는 왕과 왕비의 무덤을 '능', 왕세자와 왕세자빈 그리고 왕의 친족 무덤을 '원'이라고 칭한다. 물론 파주에는 이들뿐만 아니라 조선의 이름 높은 선비와 학자, 정치가, 장군들의 묘도 많이 남아 있다. 무덤은, 그것이 누구의 무덤이든 간에, 사랑했던 사람들과의 이별을 의미한다. 그래서 모든 무덤에는 나름의 사연이 있을 수밖에 없다.

절대 권력자의 딸이 묻힌 곳,
공릉

파주시 조리읍 봉일천에는 세 기의 능이 함께 있는 '파주삼릉坡州三陵'이 있다. 조선 예종睿宗(1450~1469)의 첫 번째 왕비인 장순왕후章順王后(1445~1461)가 묻힌 '공릉恭陵', 성종成宗(1457~1494)의 첫 번째 왕비인 공혜왕후恭惠王后(1456~1474)가 묻힌 '순릉順陵', 영조英祖(1694~1776)의 맏아들인 효장세자孝章世子(1719~1728)가 죽은 후에 진종眞宗으로 추존되어 그의 왕비였던 효순왕후孝純王后(1715~1751)와 묻힌 '영릉永陵'이 그것이다.

그런데 공릉과 순릉의 주인공 모두 다 조선 최고의 권력자 집안에서 태어나

파주 삼릉 위치(© 문화재청)

—
공릉 전경

사이좋게 자란 자매들로, 각각 서로 다른 왕과 결혼을 했고 일찍 죽었다. 공릉의 주인공 장순왕후는 조선 7대 왕인 세조가 아끼고 사랑한 둘째 며느리이자, 8대 왕인 예종의 첫 번째 왕비였다. 반면 순릉의 주인공 공혜왕후는 조선 9대 왕인 성종의 첫 번째 왕비였다. 그런데 그녀들은 모두 조선 초기의 절대적인 권력자였던 한명회의 딸들이었다.

한명회. 수양대군의 참모가 되어 '계유정난癸酉靖難'을 일으켰으며, 그 공로로 생애의 마지막까지 권세를 누린 조선 초기의 최고 권력자인 그의 딸들이 바로 장순왕후와 공혜왕후였다. 하지만 조선 왕가의 역사에서 장순왕후는 왕비 중에서 두 번째로 젊은 나이인 17세로, 공혜왕후는 세 번째로 젊은 나이인 19세로 세상을 떠났다. 수양대군을 도와 그를 왕으로 옹립했고, 두 딸을 새로운 왕들에게 시집보내 절대 권력자가 되었던 한명회도 두 딸의 단명短命은 막을 수 없었다.

공릉은 파주삼릉 구역에서도 왼쪽에 위치한다. 사악한 것들의 침범을 막기 위해 붉은색으로 칠한 '홍살문'을 지나면 공릉 앞에 세워진 정자각과 비각이 나온다. 정자각은 제례에 필요한 물건들을 준비하는 제사 건물이고, 비각은 능의 주인이 누구인지를 알려주는 비석을 보호하기 위한 건물이다. 비석에는 '조선국 장순왕후 공릉朝鮮國 章順王后 恭陵'이라고 새겨져 있다.

한명회의 셋째 딸인 장순왕후는 1460년 16세에 세자빈으로 간택되어 당시 세자였던 예종과 혼례를 올리고 부부가 되었다. 권력자와 친인척을 맺으며 자신의 권력을 강화해 온 아버지 한명회의 뜻이 없진 않았겠으나, 시아버지인 세조는

공릉의 홍살문

며느리를 무척이나 예뻐했다고 한다. 더군다나 결혼 다음 해에는 왕실의 적통인 손자 인성대군仁城大君(1461~1463)을 낳았으니 왕실로서는 경사가 아닐 수 없었을 것이다. 하지만 인생사 새옹지마라고 했던가?

어머니 장순왕후는 아들을 낳은 지 불과 닷새 만에 산후병으로 세상을 떠나고 말았다. 더더구나 오래 살길 바라는 마음에서 '똥'이라는 뜻인 분糞이라고 이름으로 불린 그의 아들 인성대군도 세 살에 그만 죽고 말았다. 며느리를 잃은 세조는 몹시 애통해하며 공릉 자리에 며느리의 묏자리를 잡았다고 한다. 조카를 죽이고 권좌를 장악한 세조와 그런 그를 도운 한명회의 악업이 낳은 결과인지 알 수 없으나, 그 고통만은 짐작할 수 없을 정도로 컸을 것이다.

정자각을 오르는 계단은 왼쪽과 오른쪽 두 개로 나누어져 있다. 왼쪽 계단은 아름다운 구름무늬가 새겨져 있고, 오른쪽 계단은 아무 장식도 없이 밋밋한 돌계단이다. 누가 봐도 예쁘게 치장된 왼쪽 계단으로 오르고 싶으나, 원래 이 계단은 사람이 올라가면 안 되는 계단이다. 왼쪽 계단은 신이 올라가는 신계이고, 오른쪽 계단은 왕실 묘에서 제사를 지내는 관리들이 오르내리는 계단이기 때문이다. 계단을 오르니 높게 지어진 봉분과 주변 장식물이 보인다.

공릉은 장순왕후가 세상을 떠난 다음 해인 1462년에 세자빈 묘世子嬪墓의 형식을 따라 지어졌다. 봉분 주변에는 돌로 만든 문인과 말, 양, 호랑이와 같은 문인석과 석마, 석양과 석호 등이 세워져 있고, 후손들의 앞날을 밝게 비추는 장명등長明燈과 영혼이 자유롭게 다닐 수 있도록 한 혼유석魂遊石이 한 쌍씩 세워져 있다. 하지만 아버지의 야심에 의해 세자빈이 되었고, 17세의 어린 나이에 세상을 뜬 공릉의 주인공에게 사후의 이런 형식과 장식들은 무슨 소용이 있었겠는가? 오히려 아버지의 권력욕과 대비되어 무상無常함을 자아낼 뿐이다.

권력자의 업보와 비애,
순릉

공혜왕후의 순릉은 파주삼릉에서 오른편에 자리잡고 있다. 언니인 장순왕후의 공릉과는 직선거리로 하면 그리 멀지 않다. 그런데 2009년 이전까지만 해도 순릉과 공릉 사이에는 파주 봉일천 시내와 장곡리를 오가는 길이 있어 완전히 분리되어 있었다. 그러던 중 2009년 파주의 능들이 유네스코 세계문화유산에 등재되면서 둘을 가로지르는 길을 폐쇄하고 그 주변에 나무를 심었다. 이로써 죽은 두 자매는 솔길과 나무숲을 따라 한 공간에 자리를 잡게 되었다.

순릉은 공릉과 마찬가지로 정자각과 비각이 있으며, 제사를 준비할 수 있는 수라간과 소복방도 있다. 또한, 문인석과 무인석, 석마, 장명등, 혼유석, 망주석을

파주 순릉 정자각

柱石 등이 각 한 쌍씩 배치된 것은 공릉과 같다. 그러나 봉분 주위에 공릉에는 없는 돌기둥 난간석이 둘러쳐져 있고, 무엇보다 석양과 석호가 두 쌍씩 배치된 게 눈에 띈다. 이러한 차이는 두 자매의 최종신분이 다른 데서 기인한다. 공릉은 세자빈의 무덤이지만 순릉은 왕비의 무덤이다. 장순왕후보다 13세나 어린 동생은 성종의 즉위로 첫 번째 왕비가 되었다.

순릉의 주인공은 한명회의 넷째 딸인 공혜왕후다. 조선 9대 왕인 성종의 첫 번째 왕비로, 11세에 성종과 혼인을 맺었다. 이후 성종이 즉위하자 14세의 나이로 왕비에 올랐다. 어린 나이에 왕실에 들어왔으며, 예의가 바르고 효심이 지극해 세조비 정의왕후, 덕종비 소혜왕후, 예종의 계비 안순왕후 등의 사랑을 많이 받았다고 전해진다. 하지만 공혜왕후 역시 운명의 장난이었는지 아버지의 악업 때문이었는지 모르나 언니와 비슷한 운명을 겪었다.

왕비가 된 지 4년 만에 큰 병을 얻었고, 1년이 넘는 병치레 속에서 살다가 19세의 젊은 나이에 요절했다. 그러나 그녀의 삶을 더 슬프게 만든 것은 남편 성종

파주 순릉 안내표

파주 순릉 비석

이 그녀를 가까이하지 않았다는 점이다. 성종은 죽을 때까지 12명의 부인과 28명의 자식을 두었다. 하지만 성종은 그녀를 가까이하지 않았다. 아마도 군왕의 권력조차 함부로 할 수 없을 정도로 권세를 가졌던 한명회 집안과 결혼한 성종은 아내를 멀리함으로써 한명회를 경계하려고 했는지도 모른다. 어쨌든 조선 궁중의 최고 지위에 올랐던 여인들에게 사랑은 너무나 먼 곳에 있었다.

순릉의 주위는 여전히 평화롭고 고요하다. 숲과 오솔길이 주변에 있으며, 바람과 새들이 주위를 자유롭게 누비며 아름다운 음악 소리를 만들어낸다. 하지만 이런 한적하고 고요한 아름다움조차 무서운 외로움으로 다가선다. 그것은 아마도 한명회의 두 딸이 겪은 운명 때문일지도 모른다. 한명회는 당대의 모사꾼이었다. 그는 세조의 찬탈을 위해 권모술수를 아끼지 않았고 수단과 방법을 가리지 않았다.

1461년, 장순왕후를 17세의 나이로 떠나보낸 한명회는 그로부터 13년 뒤인

1474년 공혜왕후마저 19세의 젊은 나이로 먼저 보내야 했다. 하지만 그는 1487년까지 다시 13년을 더 살아남았다. 73세로 세상을 떠난 그에게 이와 같은 장수長壽는 기쁨이었을까? 고통이었을까? 지금 우리는 그것을 알 수 없다. 하지만 그가 누린 모든 권세가 마치 두 딸이 겪은 불운의 대가였던 것처럼 느껴진다. 그녀들의 운명이 인과응보였는지 알 수 없으나, 아비의 악업이 너무나 커 자꾸만 그녀들의 불행과 겹쳐져 보이는 것은 어쩔 수 없는 인간적 감정이리라.

남성적 봉건 질서가 씌운 굴레,
영릉

'영릉'이라는 이름을 지닌 조선 왕실의 무덤은 세 기가 있다. 여주시에는 세종대왕과 소헌왕후가 함께 묻힌 영릉英陵이 있고, 그 근처에는 효종과 인선왕후가 묻힌 영릉寧陵이 있다. 세종대왕과 소헌왕후의 영릉은 '꽃부리 영英'자고, 효종과 인선왕후가 묻힌 영릉은 '편안할 영寧'자다. 그런데 파주시에도 영릉이 있다. 이곳의 영릉은, 여주의 영릉들과 달리 '길 영永'자를 쓰는 영릉이다.

파주의 영릉은 쌍릉雙陵이다. 이 두 개의 무덤은 죽은 이후 왕으로 추존된 진종과 그의 부인인 효순소황후孝純昭皇后의 묘로, 두 개의 능은 서로 나란히 붙어 있다. 세종대왕과 소헌왕후의 영릉은 합장릉이고, 효종과 인선왕후의 영릉은 위아래로 배치된 구조다. 반면 파주의 영릉은 사이좋게 나란히 붙어 있다. 그 외의 배치는 공릉, 순릉과 마찬가지이다. 봉분 앞에는 문인석, 석마, 장명등, 혼유석, 석양과 석호 한 쌍씩이 세워져 있다. 능 아래의 정자각과 비각, 홍살문도 마찬가지이다.

사후에 진종으로 추존된 효장세자는 조선 21대 왕 영조와 정빈 이씨의 맏아들로서, 영조가 왕에 즉위한 이듬해인 1725년에 왕세자로 책봉되었다. 하지만 3

년 후 1728년 세상을 떠났는데, 그
때 나이가 불과 10세였다. 그의 어
머니 정빈 이씨가 죽은 지 7년이
지난 뒤의 일이었다. 효장세자의
아내인 효순왕후는 남편보다 세 살
이 많았다. 13세의 나이에 효장세
자와 혼례를 올려 세자빈으로 책봉
되었으나, 혼례를 치른 지 불과 1
년 만에 남편을 먼저 보내고 말았
다. 효순왕후가 세상을 떠난 것은
1751년, 당시 그녀의 나이가 37세
였던 것을 고려한다면, 남편을 잃고
20여 년을 홀로 산 셈이다.

파주 영릉(ⓒ 문화재청)

　18세기 초·중반, 격변의 시대였
지만 강력한 봉건 질서가 작동하던
무렵, 혼자 남겨진 여성이 감당해야
할 삶의 무게는 절대 만만치 않았
을 것이다. 비록 왕비의 자리에 올

파주 영릉 비각(ⓒ 문화재청)

랐다고 할지라도 여성에게만 강요되는 보이지 않는 굴레에서 벗어날 수 없었으
리라. 나이 어린 왕세자 남편을 잃고 긴 시간을 홀로 궁중의 법도에 묶인 채 삶을
지탱한 것 자체가 효순왕후의 비극이었을 것이다. 오늘의 우리에겐 그가 짊어졌
을 삶의 무게가 억압과 속박으로 와닿는다. 어쩌면 그녀의 외로움과 쓸쓸함이 아
들을 잃은 아버지 영조의 비통함보다 더 강력하게 우리의 마음을 붙드는 것인지
도 모르겠다. 그렇다면 그 이유는 아마도 봉건적 남성 지배 질서가 그 당시 여성

들에게 씌어놓은 굴레의 무게 때문이리라.

어머니의 한을 달랜 영조,
파주 소령원

　세상을 지배하는 것은 남성일지 모르나 모든 인간의 삶은 여성으로부터 시작된다. 유네스코 세계문화유산으로 등재된 파주의 능과 원 가운데는 '영조'와 관련된 곳들이 있다. 앞에서 살펴본 것처럼 영조의 아들과 며느리가 묻힌 영릉, 영조 자신의 생모가 묻힌 소령원昭寧園, 그의 아내가 묻힌 수길원綏吉園이다.

　영조의 생모인 숙빈 최씨는 1718년 49세의 나이로 한 많은 삶을 마감했다. 그녀는 무수리 출신의 후궁이었다. 무수리는 궁궐 안에서 허드렛일하는, 신분이 가장 낮은 궁녀다. 그래서 영조는 적자가 아닌 서자, 그것도 가장 천한 무수리의 자식으로, 세자이지만 적통이 아니라는 설움을 당하며 살아야 했다. 숙빈 최씨가 세상을 떠날 때 영조는 25세였지만, 여전히 왕이 되지 못한 군君의 위치에 있었다. 그가 '왕세제'로 책봉된 것은 1721년, 영조의 나이 28세 때였다. 그렇기에 숙빈 최씨의 장례는 국상國喪으로 치러지지 않았다. '연잉군'이었던 영조가 사가私家에서 생모의 장례를 치렀으며 조정의 관리들도 참석하지 않았다.

　고아였던 숙빈 최씨는 7세 때 인현왕후를 수발하는 무수리로 궁에

—
소령원 전경(ⓒ 문화재청)

들어와 희빈 장씨_{禧嬪 張氏}처럼 숙종의 후궁이 되었다. 그러나 장희빈과 같은 일이 생길 수 있다는 이유로 죽을 때까지 왕비가 되지 못했다. 어린 영조에게 생모인 숙빈 최씨의 삶은 가슴 저리게 기구했다. 친모가 세상을 떠난 지 7년 후(1724년) 왕이 된 영조는 바로 이듬해에 거대한 크기의 신도비_{神道碑}를 어머니의 묘소 앞에 세웠다. 신도비는 왕족이나 정2품 이상의 벼슬이 있는 사람만 세울 수 있는 것이다. 그런데 기록에 의하면, 이 신도비를 옮기는 데 1만여 명의 사람이 동원되었다고 한다. 영조는 그렇게라도 천대받았던 어머니의 한을 달래고자 했다.

파주 소령원 신도비(ⓒ 문화재청)

이곳의 원래 이름은 소령'묘'였다. 이후 1753년 영조 29년에 이곳을 왕실의 지정 묘소를 칭하는 소령'원'으로 승격시켰다. 어쩌면 그는 소령원을 다시 한번 '능'으로 격상하고 싶었으리라. 영조는 늘 왕이 된 자신의 모습을 어머니께 보여드리지 못하는 것을 아쉬워했다고 한다. 그래서일까. 소령원 주위의 장식물과 건물들, 그리고 그 무덤에 깔린 잔디에도 영조의 구슬픈 사모곡이 배여 있는 것 같다. 영조는 조선의 역대 국왕 가운데 가장 긴 51년 7개월을 재위했으며, 또한 왕들 가운데 가장 오래 산 왕이었다. 그 긴 세월, 그의 가슴을 쓸고 갔을 사모곡은 짐작이 가고도 남을 것이다.

구중궁궐에 갇힌 삶,
파주 수길원

세상 사람들이 생각하는 것처럼 왕실에서의 삶이 반드시 행복한 것만은 아닐 것이다. 때때로 그것은 일반 백성들의 삶보다 더한 고통을 주기도 한다. 왕실이라고 해서 조선의 신분 질서와 유교적 봉건 질서를 넘어설 수 있는 것은 아니었다. 아니, 정확히 말하면 그들이야말로 더욱 철저하게 신분 질서와 유교적 형식을 지킬 수밖에 없었다. 숙빈 최씨가 영조의 어머니임에도 불구하고 무수리라는 천한 신분을 죽어서도 벗어나지 못한 것처럼, 영조의 아내였던 정빈 이씨의 삶도 그러했다. 소령원 진입로 오른쪽에 있는 '수길원'이 바로 정빈 이씨의 묘이다.

정빈 이 씨는 파주삼릉 중 영릉의 주인인 효장세자(진종)의 어머니이자 효순소황후의 시어머니이다. 효장세자는 열 살 나이로 세상을 떠났고, 효순왕후는 홀로 살다가 37세에 죽었다. 그런데 진종과 효순왕후의 비극은 정빈 이씨의 처절한 삶과도 연결된다. 정빈 이씨는 8세에 궁에 들어가 영조의 후궁이 되었고, 1남 2녀를 낳았다. 화억옹주和億翁主(?∼1721), 경의군(효장세자·추존 진종), 그리고 화순옹주和順翁主(1720∼1758)다. 화억옹주는 1년 만에 요절했는데, 큰딸의 죽음은 정빈 이씨의 가슴을 휘젓고 몸을 내리눌렀던 것으로 보인다. 그녀가 슬픔을 이기지 못하고 짧은 생을 마감했을 때, 경의군은 세 살, 화순옹주는 두 살이었다. 4년 후 경의군은 왕세자(효장세자)로 책봉되었지만, 그 역시 어머니를 그리워하다가 열 살도 넘기지 못하고 죽었다.

어린 자식들을 남기고 떠난 어머니의 죽음도, 그렇게 떠난 어머니를 그리다가 어린 나이에 세상을 떠난 아들의 삶도 쓸쓸하고 애달프다. 궁궐을 가리켜 '구중궁궐九重宮闕', '구중심처九重深處라고 한다. '아홉 겹의 담이 겹겹이 둘러쳐진 궁궐', '아홉 겹의 담으로 둘러친 곳 안쪽 깊숙이 자리 잡은 곳'이라는 뜻이다. 특히 궁궐

의 여인들은 일반 백성들의 삶으로부터 떨어져 오직 왕실 가문의 번창을 위해 살아야 했으니, 영화롭게 보이는 외면과 달리 그 내면의 삶은 더더욱 애절했으리라.

'능'이나 '원'은 기본적으로 홍살문을 가지고 있다. 또한, 봉분 앞에 비석, 혼유석, 장명등, 문인석, 망주석 등이 양쪽에 세워져 있다. 그러나 수길원은 파주삼릉이나 소령원과 달리 무인석과 석양, 석호 등을 생략하였다. 그래서 영조의 아들과 며느리가 묻힌 영릉이나 영조의 생모가 묻힌 소령원에 비교할 때, 수길원은 특히 더 작게 느껴진다. 조선 왕실의 여인들에게는, 조선의 양반들이 그랬듯이 가문의 후손을 생산하는 것이 주 임무였다. 왕은 왕비를 제외하고 다수의 첩인 후궁을 두었다. 후궁들에게 미래는 없다. 유일한 희망은 아들이 왕이 되는 것이다. 그래서 패악의 대명사가 된 희빈 장씨의 삶조차 정빈 이씨의 생애가 보여주듯이 그녀만의 탓, 개인의 탓만은 아닐 것이다.

호란의 늪에 빠진 반정의 왕,
파주 장릉

파주의 능과 원을 따라 걷는 길의 마지막에 만날 수 있는 곳은 파주 장릉長陵이다. 파주 장릉은 조선 16대 왕인 인조仁祖(1595~1649)와 그의 첫 번째 왕비 인열왕후 한씨仁烈王后(1594~1635)를 합장한 무덤이다. 인조는 1623년 인조반정을 통해 왕위에 올랐으나, 1624년 이괄의 난, 1627년 정묘호란과 1636년 병자호란 등, 한 번 겪기도 어려운 병란을 세 번씩이나 겪은 비운의 왕이기도 하다. 재위 기간 내내 외세에 의한 고통과 굴욕의 시간을 보낸 인조는 아내를 먼저 떠나보내고 죽어 함께 묻혔다. 원래 자리는 파주 운천리였지만, 영조 때 오늘날의 위치로 옮겨졌다. 장릉은 군사시설, 원형 복원 등의 문제로 개방을 하지 않다가 2016년 9월에서야 전면 개방했다.

파주에 있는 능과 원은 거의 모두 비슷한 구조로 만들어져 있다. 파주 장릉 역시 다른 능들과 유사하게 봉분에는 왕의 능을 의미하는 병풍석과 난간석을 모두 둘렀으며 문인석과 무인석, 석마, 장명등, 혼유석, 망주석, 석양과 석호를 양쪽에 배치했다. 능 아래에는 재실, 금천교, 수복방, 정자각, 비각이 배치되어있으며, 입구에는 홍살문이 있다. 다만 눈에 띄는 것은, 합장능이라는 점을 보여주기 위해서인 듯, 무덤 앞에 제물을 차리는 데 필요한 넓적한 돌로 만든 재단인 두 개의 상

석이 있다는 점이다.

선조의 손자이며 광해군光海君(1575~1641)의 조카인 인조는 1623년 서인西人들과 함께 반정反正에 나섰고, 마침내 삼촌의 왕위를 빼앗아 권좌에 올랐다. 하지만 인조반정은 북인과 서인의 당파싸움 및 명나라에 대한 사대주의에 빠져 있던 사대부들이 일으킨 정변으로, 순리에 맞는 변란은 아니었다. 광해군의 실리외교 대신에 명에 대한 사대주의 외교를 고수했던 조선은, 인조 27년의 재위 기간 중 세 번에 걸친 전쟁을 치러야 했다. 그리고 결국 '삼전도의 굴욕'을 겪었다. 인조는 남한산성에서 버티다가 결국 조선을 침략한 청의 홍타이지(숭덕제) 앞에 무릎 꿇고 머리를 땅에 박는 항복 의식을 행했다. 세 번 절 할 때마다 세 번씩 머리를 땅에 찧는 수모였다. 오늘날 광해군의 당시 '외교'를 두고 실리적이었다는 평가와 함께 그렇지 못했다는 평가가 엇갈리고 있지만, 반정으로 집권한 인조와 그의 신료들이 급변하는 동북아시아의 정세를 제대로 읽지 못하고 자초한 참화였다는 것만은 분명해 보인다.

인조는 죽은 뒤 먼저 죽은 그의 아내와 합장되었다. 하지만 그의 왕비였던 인열왕후의 죽음 역시 평범하지는 않았다. 그녀는 42세의 늦은 나이로 넷째 아들을 출산하다 병을 얻어 죽었는데, 그녀 역시 왕실 가문의 번창이라는 제일 가치에 삶을 사로잡혔던 셈이다.

장릉 앞에 서면 정묘호란과 병자호란으로 인해 전 국토가 유린당했던 우리의 아픈 역사가 먼저 떠오른다. 만일 광해군이었다면 달라질 수도 있었던 역사. 하지만 인조는 당시 사대부들과 혁명을 했고, 그 권좌를 차지한 대가로 수모를 겪어야 한다. 하지만 진짜 고통은 따로 있었다. 인조가 겪었던 수모보다 더한 고통이 백성들에게 가해졌기 때문이다. 백성들은 전란에 삶의 근거지가 파괴됐고, 목숨을 잃었을 뿐만 아니라 포로로 잡혀가 낯선 땅에서 피폐한 삶을 살아야 했다. 병자호란 때 포로로 끌려간 이들이 대략 50~60만으로 추정된다고 하니 백성들이 겪었던 삶의 고초는 상상 이상이었을 것이다.

권력투쟁에 휘말린 죽음들,
김포 장릉

파주를 지나 김포로 넘어오면 같은 이름을 가진 능이 나온다. 김포 장릉章陵이다. 조선 시대의 42개 능 중 장릉은 세 기가 있다. 조선 6대 단종의 능인 영월 장릉莊陵, 그리고 인조 부부의 묘인 파주 장릉과 인조의 부모가 되는 원종元宗(1580~1619)과 인헌왕후 구씨仁獻王后(1578~1626)의 묘인 김포 장릉이다. 정원군(추존 원종)은 조선 14대 왕 선조宣祖의 다섯째 아들이자, 조선 16대 왕 인조의 아버지다. 1623년 인조반정으로 아들 인조가 왕위에 오르자 원종으로 추존되었다.

정원군의 삶 역시 평탄하지 못했다. 광해군 7년(1615년), 정원군의 세 아들 중 능창군綾昌君(1599~1615)을 왕위에 추대하려는 역모가 있다는 고변으로 광해군은 능창군을 잡아 친히 국문한 뒤, 강화도 교동도로 유배 보냈다. 이곳에서 능창군은 자결했고 그의 자결 소식을 들은 정원군은 화병을 얻어 매일 술을 마시며 세상을 한탄하다가 1619년 40세의 나이로 세상을 떠났다. 7년 뒤, 그의 부인이었던 계원궁 구씨도 죽었다. 한 집안이 왕권 다툼에 희생되었고 모두가 불운한 죽음을 맞이했다.

마침내 광해군을 몰아내고 권좌에 오른 인조는 3년 뒤 자신의 아버지 정원대군을 원종으로 추존하고 시호를 공량恭良이라 하여 장릉으로 능을 옮기고 왕릉 규모로 새로 정돈했다. 장릉은 같은 언덕에 왕과 왕비의 봉분을 나란히 놓은 쌍릉으로, 정자각에서 바라보았을 때 왼쪽에는 원종, 오른쪽에는 인헌왕후의 능이 있다. 봉분 주변에는 병풍석과 난간석이 생략된 대신 둘레돌이 둘려가며 쳐져 있다. 봉분 아래에는 문인석, 무인석, 장명등, 혼유석, 망주석, 석마 등의 장식물이 세워져 있다. 능 아래에서도 수복방, 정자각, 비각이 있으며 입구에는 홍살문을 세웠다.

파주 장릉이 왕비가 먼저 세상을 떠난 뒤 왕의 무덤을 왕비의 무덤에 합장한 것이라고 한다면, 김포 장릉은 왕이 먼저 세상을 떠난 뒤, 왕의 묘를 파헤칠 수 없어서 그 옆에 나란히 왕비의 무덤을 만든 것이다. 하지만 이 두 능은 모두 부부가 함께 묻힌 능이며, 아버지와 아들의 묘라는 점에서 긴밀하게 연결되어 있다.

사실 42기의 조선왕릉 중에서 혼자 묻힌 '단릉單陵'은 14기에 불과하다. 대다수의 조선왕릉은 합장능이거나 쌍릉이다. 아마도 죽음 이후의 삶 역시 부부의 인연으로 이어지길 원하는 후손들의 바람이 녹아 있기 때문일 것이다. 부모를 합장하고 싶어 하는 것은 비단 이들만이 아니라 모든 자식의 염원일 것이다. 하지만 무덤의 크기와 내용도 권력에 따라 다르다. 왕가의 무덤들은, 모두 조선 최고의 왕가 자손들의 무덤으로, 이들은 권력의 공간에서 태어나고 권력을 위해 싸우거

김포 장릉(홍살문)

나 권력에 의해 희생된 자들이다.

권력투쟁의 공간에서 승자와 패자를 가르는 운명은 너무나 냉혹하다. 권력을 차지한 자는 모든 것을 가진다. 하지만 권력을 잃은 자에게 남는 것은 모든 것의 상실, 심지어 자신을 포함한 집안 전체의 죽임뿐이다. 그렇기에 권력투쟁의 장에서 양보란 존재할 수 없다. 이런 비정한 권력투쟁과 정치권력의 부침 속에서도 왕가의 여인들은 좀더 유별난 존재였다. 이들은 궁궐 안에서 묵묵히 어머니의 자리, 아내의 자리를 지켰다. 그들은 권력의 화신이 된 남성들의 싸움 속에서 어떻게든 자신의 지아비와 아들을 지키려는 열망으로 삶을 이어가고자 했다. 게다가 권력투쟁의 장으로 변질한 궁궐에서 남성들의 싸움은 국정을 혼란하게 만들고 국력의 쇠퇴를 낳음으로써 나라를 전란 속으로 던져넣고 백성들의 삶을 파괴했음을 기억해야 한다.

파주 소령원과 수길원 관람 방법

파주 소령원과 수길원은 2021년 현재 사적지 보존과 훼손 방지를 위한 공개 제한지역으로서 자유로운 관람이 불가능하다. 2021년 기준으로 조선왕릉陵, 원園, 묘墓 등 44개 중 공개 제한지역은 남양주의 순강원·휘경원·영빈묘·광해군묘·성묘·안빈묘, 구리 명빈묘와 광명 영회원, 파주 소령원·수길원, 고양 효릉·소경원·경선군/경완군묘·경혜옹주묘 등 14개소이다(문화재청 궁능 유적본부 조선왕릉, royaltombs.cha.go.kr 참조).「궁·능 관람 등에 관한 규정」(2019.3.29.)에 따라 현재 소령원과 수길원은 공개 제한구역이며 학술조사, 문화재의 수리와 관리, 공식적인 취재 등의 목적으로만 관람할 수 있다. 이 목적으로 출입을 희망할 때도 위의 사이트에서 '출입 허가 신청서'를 내려받아 작성한 다음 각 담당 사무소에 팩스로 제출하여 엄밀한 심사를 통과해야만 출입이 가능하다(담당 전화번호: 조선왕릉 서부지구관리소 02-359-0090). 또한 최소 3주 전에 출입 허가 신청서를 제출해야만 한다. 이런 복잡한 절차 때문에 좀더 자유롭게 출입할 수 있도록 해달라는 여론이 높아지고 있다.

02

사람들의 마음이 담긴
믿음의 길을 걷다,
파주 사찰 기행

| 범륜사 – 운계폭포 – 보광사 – 용암사 – 파주 용미리 마애이불입상 – 용상사 – 검단사

민초들의 소박한 믿음, 범륜사와 운계폭포
어머니를 향한 영조의 마음, 보광사
권력자의 탐욕을 씻어낸 절, 용암사
자손을 기원하는 부처, 용미리 마애이불입상
외세에 맞선 자들의 사찰, 용상사
실향민들의 염원이 담긴 사찰, 검단사

＿＿＿＿ 경기도 파주시는 다른 DMZ 접경지역과 구별되는 특징이 있다. 파주시 지도를 펼쳐놓고 꼼꼼히 살펴보면 이런 특징이 한눈에 들어온다. 우선 황희(1363~1452), 이이(1536~1584), 성혼(1535~1598), 허목(1595~1682) 등 명망 높은 조선의 선비 또는 성리학자들과 관련된 유적들이 많다. 또 다른 특징도 확연하게 볼 수 있는데, 이러한 유적들 이외에도 널리 알려지지는 않았지만 중요한 사찰이 파주 지역 전체에 걸쳐 자리하고 있다는 점이다.

＿＿＿＿ 지형이 평탄한 파주는 한국전쟁 당시 한반도 중동부 산악지역에 비해 격렬한 전투와 소모적인 고지전이 상대적으로 적었던 지역으로 알려졌다. 하지만 임진강을 기준으로 북쪽과 경계를 바로 맞대고 있는 파주 역시 한국전쟁의 화마火魔를 피할 수 없었다. 그래서 앞서 말한 유적지와 사찰 역시 전쟁 때 거의 모두 불타버리거나 파괴되었다. 오늘날 우리에게 남겨진 역사 유적들은 실상 거의 대다수 한국전쟁 이후 새롭게 복원되거나 지어진 것들이다. 그러나 과거 유적들의 모습이 모두 사라지고 위치와 건물이 전부 새롭게 조성되었다고 하더라도, 거기에 담긴 우리의 역사와 그로부터 생겨난 세세한 염원과 마음마저 사라진 것은 아니다. 파주의 사찰은 바로 이를 여실하게 보여주는 거대한 공간이다.

민초들의 소박한 믿음,
범륜사와 운계폭포

경기도 연천과 인접해 있는 파주의 북동쪽에는 범륜사梵輪寺가 있다. 범륜사는 경기도가 자랑하는 대표적인 산으로, 해발 675m인 감악산에 자리하고 있다. 범륜사는 한국불교태고종 소속의 사찰로서 1970년 재창건되었다. 예부터 바위 사이로 검은빛과 푸른빛이 동시에 흘러나온다고 하여 감악紺岳, 즉 감색 바위산이라고 알려진 감악산에는 감악사, 운계사, 범륜사, 운림사 등 네 개 사찰이 있었다고 전해졌다. 그런데 현재에는 모두 소실되었고, 1970년에 세워진 범륜사만이 전해지고 있다. 1481년 『동국여지승람東國輿地勝覽』, 1799년 『범우고梵宇攷』 등에서 범륜사의 단편적인 기록들을 찾을 수 있지만, 자세한 내력은 전해지지 않는다.

그런데 범륜사는 일반적인 사찰과는 조금 다른 자유로움 내지 다채로움을 보인다. 우선 절 입구에 있는 해탈교를 지나면 범륜사 중앙의 대웅전을 볼 수 있다. 대웅전을 중심으로 눈을 돌리면 용을 타고 있는 문수보살상과 관세음보살상이 눈에 들어온다. 또 그 뒤로는 세운 지 얼마 되지 않는 7층 석탑과 함께 세계평화를 비는 기념비가 서 있다. 그뿐만 아니라 중국에서 만들어져 건너온 높이 7m의 웅장한 백옥석 관음상이 '동양 최초, 최대'라는 이름과 함께 세워져 있다. 그 주위로는 개, 소, 말, 양, 뱀, 원숭이 등 열두 동물의 '띠'를 상징하는 십이지상이 관음상을 호위하듯 세워져 있다. 그리고 그 곁에는 범종 역시 건립되어 있다.

불교적인 색채를 넘어 뭇 사람들의 소박한 믿음을 담은 다채로운 상징물들이 범륜사 곳곳에 자리하고 있다. 자신을 위한 복을 기원할 뿐만 아니라 인간의 해탈을 꿈꾸며, 나아가 세계의 평화를 위해 기도할 수 있는 다양한 종교적 상징물이 있다는 점에서 범륜사는 다문화적·다종교적 시대의 흐름과 함께 하는 곳으로 남을 것 같다. 어쩌면 이러한 '뒤섞임'이 앞으로 이곳의 고유한 장점으로 기억될지

—
운계폭포(ⓒ 경기도청)

도 모르겠다.

종교를 떠나 발원하는 사람들의 소박한 믿음은 범륜사 바로 아래 펼쳐져 있는 운계폭포雲溪瀑布에서도 재확인할 수 있다.

높이 20m의 운계폭포는 말 그대로 '구름계곡雲溪' 사이에서 떨어지는 것처럼 보여 비룡폭포라고도 불린다. 수량도 풍부해서 많을 때는 폭포수가 절벽의 계곡을 따라 수직으로 낙하하는 장관을 선사한다고 한다. 기암절벽과 그 주위의 울창한 나무들, 그 사이의 험준하고 깊은 계곡으로 흐르는 물과 폭포수는 감악산의 대표적인 명소가 되기에 충분해 보인다. 최근에는 폭포를 잘 관람할 수 있는 포토존과 전망 데크를 설치하여, 많은 이들의 발길이 끊이질 않는다고 한다.

바로 위에서 이곳에서도 '소박한 믿음'을 확인할 수 있다고 했는데, 민간신앙과 관련된 부분이다. 이것이 운계폭포를 유명하게 만든 다른 이유이기도 하다. 예로부터 산과 계곡이 깊고, 깨끗한 물이 흐르고, 울창한 나무들이 펼쳐진 곳은 사람들이 간직해온 소망을 기원하는 장소로 손색없었다. 그래서 운계폭포 주위로는 뭇 사람들이 기도를 올리고 제사를 지냈던 흔적들을 어렵지 않게 볼 수 있다. 자연의 위대한 점은 어쩌면 나의 사소하고도 이기적인 욕망까지도 함부로 내치지 않고 포근하게 감싸주는 데 있을지도 모른다. 운계폭포가 경이롭게 보인다면, 그것은 바로 이런 까닭에서일 것이다.

어머니를 향한 영조의 마음,
보광사

파주 남쪽으로 양주와 경계를 이룬 곳에 있는 해발 622m 고령산에는 신라 시대 도선국사道詵國師(827~898)가 창건한 것으로 알려진 보광사普光寺가 있다. 894년 도선국사는 '비보사찰裨補寺刹'로 보광사를 세웠다. 신라를 넘어 고려 시대까지 널리 확산하였던 그 유명한 도선의 비보사탑설에 따라 지어진 사찰이다. '비보裨補'는 사전적 의미로 '도와서 모자라는 것을 채운다'라는 뜻이다. 풍수지리적인 관점에서 도선국사는 전국의 알맞은 장소에 사찰을 세워 국토의 지기地氣를 보완해 인간 또는 나라가 흥하게 되길 바랐다. 보광사 역시 나라의 기운을 채워주는 데 활용된 사찰이다.

이후 1215년에 원진국사元眞國師(1172~1221)가, 다시 1388년에 무학대사無學大師(1327~1405)가 중창하였다고 한다. 1622년에는 임진왜란 때 불타버린 법당을 복원하였다고 전해진다. 1634년에는 범종이 봉안되었고, 1667년에는 대웅보전과 관음전 등이 재건되었다고 알려진다. 조선 시대 중기에도 여러 건물이 새롭게 들어서면서 사찰의 규모가 계속 커졌으나, 한국전쟁 때 전각들이 소실되었고,

—
보광사 전경

전쟁이 끝난 이후 복원이 이뤄졌다.

이렇듯 보광사는 그 역사가 천년 넘게 이어지고 있다. 실제로 천년 사찰답게 보광사에는 경기도 유형문화재들이 보존되어 있다. 제83호로 지정된 대웅보전을 비롯하여 제319호와 제320호로 지정된 불화佛畵「영산회상도靈山會上圖」와「지장 시왕도地藏時王圖」가 있다. 그리고 제248호로 지정된 목조보살입상 및 제158호로 지정된 숭정7년명동종崇禎七年銘銅鐘 등은 보광사를 찾는 이들이 한 번쯤은 둘러보고 가는 유명 문화재들이다.

하지만 보광사의 매력은 이러한 유물이 아닌 어쩌면 다른 곳에 있을지도 모른다. 그것은 보광사가 도선국사에 의해 창건된 비보사찰일 뿐만 아니라 왕과 왕비의 무덤을 수호하고 명복을 비는 '능침사찰陵寢寺刹'이었다는 점이다. 조선 제21대 왕인 영조는 1740년 어머니 숙빈 최씨를 위해 보광사를 능침사찰로 지정했다.

—
보광사 어실각

숙빈 최씨가 죽은 지도 22년이 지난 후였다.

어려서 가족이 전염병으로 모두 죽고 고아가 된 숙빈 최씨는 일곱 살에 인현 왕후를 수발하는 무수리로 궁에 들어왔다. 그리고 인현왕후가 폐출되자 희빈 장씨에게 모진 구박을 받았다. 또한 인현왕후, 희빈 장씨와 마찬가지로 숙종의 후궁이 되었으나, 희빈 장씨와 같은 일이 생길 수 있다는 이유에서 죽을 때까지 왕비가 되지 못했다. 훗날 영조가 되는 연잉궁을 포함해 아들 셋을 낳았지만, 영조 위와 아래는 어린 나이에 세상을 떠났다.

친모가 세상을 떠난 지 7년 후인 1724년 연잉군은 조선의 임금이 된다. 그가 바로 영조다. 왕이 된 영조는 즉위와 동시에 숙빈묘淑嬪廟라는 어머니의 사당을 지었다가 육상궁毓祥宮으로 격상시켰고, 소령묘昭寧墓라는 묘소를 지었다가 소령원昭寧園으로 다시 한번 승격시켰다. 육상궁과 소령원으로의 승격이 이뤄진 해가

1753년으로, 자신이 왕이 된 지 29년 만이었다. 그리고 보광사의 능침사찰 지정이 이뤄진 것도 왕위에 오른 지 13년 만이었다. 어머니 숙빈 최씨가 죽은 지 35년이 지난 시점이었다.

어머니의 기구했던 생이 아들에게는 그렇게나 애달팠을까. 세월이 무수히 흘렀건만 어머니를 그리워하는 영조의 마음은 점점 커졌을 것이다. 숙빈 최씨의 위패가 있는 보광사 뒤편, 조그마한 전각인 어실각御室閣 앞에 서본다. 어머니의 사당을 짓고, 묘에서 원으로 격상시킨 아들의 마음은 그 자체가 구슬픈 사모곡이었으리라. 어실각 뒤편 공중에서 그런 사모곡의 곡조가 흘러나오는 것만 같다.

권력자의 탐욕을 씻어낸 절,
용암사

보광사를 나와 서쪽으로 길을 나서면 멀지 않은 곳에 또 다른 사찰인 용암사龍巖寺가 있다. 건립된 지 곧 천년이라고 하니 천년고찰이라 불러도 무방하겠다. 용암사는 대한불교조계종 제25교구 본사인 봉선사奉先寺의 말사로서 공식적인 창건 기록은 남아 있지 않으나, 절의 창건과 얽힌 설화에 의하면 11세기에 지어진 것으로 추정된다.

전설에 의하면, 후사가 없어 고민이었던 고려 선종宣宗(1049~1094)의 후궁인 원신궁주元信宮主가 어느 날 꿈을 꾸게 된다. 꿈에 두 명의 스님이 나타나서 "우리는 파주 장지산으로 간다. 식량이 떨어져 곤란하니 이곳에 있는 두 바위에 불상을 새기라. 그러면 소원을 들어주리라"라고 하였다. 꿈에서 깬 원신궁주는 실제로 꿈에서 스님들이 말한 곳에 있었던 큰 바위에 불상을 만들게 하였다.

이후 원신궁주는 또다시 꿈을 꾸게 되는데, 두 스님이 다시 나타나 왼쪽 바위

용암사 입구

와 오른쪽 바위에 각각 불상을 새기라고 하면서, 이곳에서 기도하면 아이를 바라는 사람은 득남하고 병이 있는 사람은 낫게 될 것이라고 말했다. 실제로 불상이 완성되고 절을 짓자 그녀에게 태기가 있어 곧 아들인 한산후漢山侯를 낳았다고 전해진다.

하지만 구전을 통해 오랫동안 전승되는 설화와 달리 용암사의 '실제 역사'는 거의 전해지지 않는다. 일제강점기 이후의 역사만이 기록되고 있을 뿐이다. 그런데 이 절과 관련된 또 다른 이야기가 전해지는데, 그것은 한국 초대 대통령이었던 이승만의 이야기다.

한 신문 기사(《법보신문》 2018년 12월 10일 자)가 전해주는 용암사와 이승만의 이야기는 권력자를 둘러싼 탐욕과 그 비극을 여실히 보여주고 있다. 용암사에서는 1954년 10월 28일 이승만을 비롯하여 당시 부통령, 내무부 장관, 문교부 장

용암사 아기부처상

용암사 대웅전

관, 경기도지사, 파주 군수 등이 참석한 '미륵불 이대통령각하 기념탑 봉안식'이 열렸다. 석가모니의 열반 이후 오랜 시간이 흐른 뒤 새롭게 세상에 나타날 부처인 미륵불을 현재를 사는 특정 개인으로 묘사한 것이다.

이승만이 도착하자 주지는 땅바닥에 엎드려 큰절을 올렸다. 이승만은 이미 1년 전인 1953년 10월 용암사의 미륵불을 새롭게 정비하고 아기 부처상도 건립하라는 지시를 내렸다. 아들을 낳고 싶다는 그의 소원 때문에 그러한 지시를 내렸다는 설도 있다. 중요한 것은 이 지시를 받은 파주시에서는 아기 부처상뿐만 아니라 이승만을 위한 기념탑까지도 건립했다는 것이다. 권력의 욕심, 개인적인 욕망, 순수하지 못한 믿음 등이 응축되어 결국 살아있는 권력자만을 위한 기념탑을 세운 것이다. 이 일련의 과정에서 가장 큰 오욕을 뒤집어쓴 것은 결국 용암사였다.

4·19혁명 이후 용암사 미륵불 옆에 조성되었던 아기 부처상과 이승만 기념탑은 당연히 철거될 수밖에 없었다. 오늘날 용암사 대웅전 옆에는 명문銘文들이 지워진 이승만 기념탑이 볼품없이 옮겨 세워져 있다. 이곳을 찾는 사람들에게 이승만 기념탑은 치욕스러운 역사를 담은 탑이었다. 그래서 누군지 모르지만, 주변의

돌이며 정을 이용해 비문을 지웠던 것처럼 보인다. 권력의 추한 탐욕에 대한 민초들의 분노다. 권력자의 또는 권력자를 위한 더러운 탐욕들을 씻겨내는 것은 용암사만의 일이 아니라 그 절을 찾아가는 바로 우리에게 남겨진 몫일지도 모른다.

자손을 기원하는 부처,
용미리 마애이불입상

그런데 사실 용암사가 널리 이름을 알리게 된 것은 이러한 오욕의 역사가 아닌, 용암사 바로 뒤편 해발 170m 장지산에 자리하고 있는 거대한 석불 때문이다. 공식적으로는 파주 용미리 마애이불입상磨崖二佛立像이란 이름이 붙은 이 불상은

용미리 마애이불입상

1963년 1월 보물 제93호로 지정되었다. 과거에도 그랬겠지만, 오늘날에도 용암사라는 사찰보다는 이 석불을 찾는 이들이 더 많다.

용암사 뒤편으로 올라가니 자연석을 그대로 이용한 거대한 석불 두 개가 세워져 있다. '마애磨崖'는 암벽에 글자나 그림, 불상 등을 새긴다는 의미이고, '이불二佛'은 두 개의 불상이며, '입상立像'은 세워져 있다는 뜻이다. 그러니 말 그대로 마애이불입상은 거대한 석벽에 서 있는 두 개의 불상이 새겨져 있다는 것을 말한다. 가까이에 서니 그 거대함이 더욱 잘 느껴진다. 한편으로 이제껏 봐왔던 불상들이 보여준 전통적인 불교적 느낌보다는 세속적 느낌을 강하게 풍기는 것도 사실이다. 또 하나 눈에 띄는 것은 한국전쟁 당시의 총탄 자국이 불상 전체에 퍼져 있다는 점이다.

왼쪽에는 둥근 갓을 쓴 원립불圓笠佛이 새겨져 있는데, 두 손은 가슴 앞에서 연꽃을 쥐고 있다. 오른쪽의 사각형 갓을 쓴 방립불方笠佛은 합장한 손 모양만 다를 뿐 전체적인 형태는 왼쪽 불상과 같다. 구전에 따르면 연꽃을 든 왼쪽 불상은 남성, 오른쪽은 여성을 표현한 것이라고도 한다. 거대한 천연암벽에 불상을 새긴 것도 놀랍지만, 머리 부분을 따로 만들어 얹었다는 것이 더 놀랍다. 불상이 만들어질 당시 얼마나 많은 이들이 이를 위해 수고했을지 짐작해볼 수 있다.

사실 거대한 불상을 만드는 것은 종교적인 이유뿐만 아니라 여러 이유가 종합적으로 작용해서일 것이다. 전하는 이야기에 따르면, 암벽에 새겨진 두 개의 불상에는 후손을 바라는 간절한 마음이 함께 새겨져 있다. 앞서 용암사의 창건 설화에서도 볼 수 있듯이 자식이 없어 고민하던 고려 선종은 이곳 장지산 바위에 도승을 새기고 절을 지어 불공을 드렸고, 이후 왕자 한산후를 얻게 되었다고 한다. 물론 실제 역사에서는 선종의 뒤를 이어 아들 헌종이 왕이 되었으니, 불상과 관련된 설화에서 '후사가 없어 고민했다'라는 말은 역사적 사실과 다르다고 할 수 있다. 또한 1995년 불상의 몸체와 측면 바위 등에서 발견된 명문에는 불상의 조성연대

용미리 마애이불입상

와 기원문, 불상을 만들기 위해 시주한 사람들의 이름들이 적혀 있었다고 한다.

이것들을 종합할 때 마애이불입상은 고려 때가 아닌 1471년인 조선 성종 때 만들어졌다는 새로운 의견도 제시되었다. 하지만 마애이불입상과 관련된 설화가 사실인지 아닌지는, 그리고 그것이 고려 때 만들어졌는지 조선 시대 때 만들어졌는지는 그리 중요하지 않을 수도 있다. 오히려 오늘의 우리가 눈여겨보아야 할 것은 이루 헤아릴 수 없이 많은 사람이 이곳을 찾아 자신의 소원을 빌고, 삶의 고통을 이기며 희망을 찾으려 했다는 점일 것이다.

외세에 맞선 자들의 사찰,
용상사

용암사에서 나와 파주 서쪽으로 가다 보면, 얼마 가지 않은 곳에 용상사龍床寺가 나온다. 파주시 월롱면 해발 229m인 월롱산 중턱에 자리하고 있는 용상사는 현재 대한불교일승종 소속 사찰이다. 이 사찰은 고려 현종顯宗(992~1031)이 왕위에 있었던 1010년대에 세워졌다고 한다. 창건된 지 천년이 지난 사찰이었지만, 2015년에 큰불로 대웅전이 소실되었고, 대웅전 안에 있던 경기도 유형문화재 제280호인 석불좌상 역시 크게 파손되었다. 현재 대웅전을 비롯해 사찰 복원이 차츰 이뤄지고 있다.

그런데 용상사에 담긴 사람들의 간절한 마음은 보광사, 용암사와는 또 다른 듯하다. 보광사가 부모에 대한 그리움을, 용암사가 후손을 바라는 간절함을 담았다고 한다면, 용상사는 나라를 수호하고자 하는 마음을 담고 있기 때문이다. 고려 시대 거란족 침입은 총 세 차례에 걸쳐 이루어졌다. 그리고 제3차 침입은 고려 현종이 왕으로 있었던 1018년에 발생하였다.

—
용상사 명부전

현종은 40만 명에 이르는 거란군이 수도 개성까지 이르자 민간인 차림으로 파주 월롱산으로 피신하였다. 성과를 거두지 못한 거란군은 다시 철수하게 되었고, 이때 강감찬 장군이 귀주에서 거란군을 크게 물리치게 된다. 거란과의 전쟁이 끝나자 현종은 자신이 피신했던 파주 월롱산에 절을 지어 왕이 머물렀던 곳이라는 의미에서 용상사라는 이름을 붙였다. 거란의 침입에 맞서 그것을 이겨낸 경험을 기념하고자 하는 마음이 용상사에 담겨있는 것이다.

그런데 용상사가 외세의 침략에 맞서 싸웠던 것은 고려 시대만이 아니다.

용상사 석불좌상(ⓒ 문화재청)

1592년 임진왜란 당시 용상사는 승병들이 모여 주둔하던 중요한 사찰이 되었다. 용상사의 기록에 의하면 당시 승병들은 용상사 근처의 용상골 일대에서 큰 전투를 벌여 이겼던 것으로 알려져 있다. 용상골 일대에 왜군의 시체가 가득하여 이곳을 무덤골이라고 불렀다는 이야기가 전해지는 것과도 연결되는 대목이다.

외세의 침략에도 굴하지 않았던 이들의 기개와 마음을 느낄 수 있는 용상사. 그들의 강인한 마음이 고스란히 전해져 일제강점기에도 고난을 버텨냈던 용상사였지만, 결국 2015년의 화마는 피하지 못하여 주요 건물과 보물이 훼손되고 말았다. 다행히도 2021년 용상사는 새롭게 복원되어 많은 사람이 찾아오는 사찰이 되고 있다. 옛날의 고유한 모습은 현재 많이 사라지고 없을지라도 외세에 맞섰던 강인한 용기를 느낄 수 있는 사찰로 복원되어 다시 우리와 함께 숨 쉬고 있다.

실향민들의 염원이 담긴 사찰,
검단사

용상사의 서쪽, 임진강과 한강이 만나는 파주의 서쪽 끝에는 자그마한 사찰인 검단사黔丹寺가 있다. 파주시 탄현면 오두산에 있는 검단사의 역사는 짧지 않다. 기록에 의하면, 검단사는 847년 진감 혜소眞鑑慧昭(774~850)가 창건한 사찰로 조선 시대에는 인조와 인열왕후의 능인 장릉長陵의 원찰이었다. 처음에는 파주시 문

산읍 운천리에 있었지만, 영조 때인 1731년 장릉
을 탄현면 갈현리로 옮길 때, 이 사찰도 현재의 탄
현면 성동리 오두산으로 옮겨왔다고 한다.

혜소는 얼굴색이 검어 '흑두타黑頭陀' 또는 '검
단黔丹'이라는 별명을 가지고 있었고, 검단사라는
절 이름 역시 그의 별명에서 유래하였다고 전해
진다. 다른 이야기에서는 검단사가 있는 오두산이
검은색이어 검단사라는 이름을 붙였다고도 한다.

천년이 넘은 사찰이지만 검단사에 대한 기록은
몇몇 단편적인 기록을 제외하고는 20세기에 들어

검단사 목조관음보살좌상
(ⓒ 문화재청)

와서야 발견된다. 1906년 검단사의 유일한 법당인
법화전이 중수되어 현재까지 전해지고 있으며, 2000년대에 이르러 요사채와 무
량수전 등을 신축하게 된다. 천년의 역사가 전하는 무게를 견디지 못해 자그마한
사찰로 위축된 검단사는 현재 다른 이유에서 깊은 울림을 주는 사찰로 우리에게
남아 있다. 과거의 화려한 모습은 다시는 찾아볼 수 없으나, 두고 온 북녘땅을 그
리워하는 실향민들이 간절한 염원을 담아 기도하는 장소가 되었기 때문이다.

실향민들의 마음을 따라 발걸음을 옮기면 검단사 뒤편의 검단산으로 올라가
게 된다. 한강의 하구이자 임진강과 만나는 물길이 눈에 들어오고 오두산통일전
망대가 정면에 보인다. 그리고 맑은 날이면 오두산통일전망대 뒤편으로 보이는
북의 모습이 강 하나를 두고 선명하게 펼쳐진다. 북이 이렇게 가까웠던가를 새삼
스레 느끼게 되면, 그 가까운 거리를 수십 년이 넘도록 가지 못하는 실향민들의
안타까운 마음이 더욱 크게 다가온다. 떠나온 고향을 가까이 보기 위해 실향민은
이곳에 찾아들었고, 이곳 검단사에서 자신들의 소망을 담아 기도를 올렸을 것이
다. 오늘날까지 1,200년 가까운 세월의 엄청난 무게감을 잘 견뎌준 검단사가 정

말이지 고맙게 느껴지는 이유다.

이렇듯 파주의 사찰은 각기 다른 역사 속에서 발원된 우리의 간절한 염원들이 새겨진 공간들이다. 이 사찰들이 각기 다른 시간, 각기 다른 공간과 사람들, 각기 다른 마음들이 합쳐져서 만들었을지라도 여전히 큰 울림을 주는 것은 바로 우리 아픈 삶의 다양한 모습을 모두 담고 있기 때문일 것이다.

보광사 어실각 앞 향나무

보광사 어실각 앞에는 한 눈에 도 범상치 않은 오래된 나무 한 그루가 외로이 서 있다. 수령이 300년이 넘는 이 향나무는 영조 가 어실각을 조성할 때 함께 심 은 것으로 알려져 있다. 어머니를 모신 어실각에서 한참 떨어진 한 양에 있는 아들 영조를 대신하여 홀로 남은 어머니를 지켜주기 바 랐던 마음이 이 향나무에 담겨있 다고 많은 사람은 이야기한다. 오 래되어서인지 모르겠지만, 이 향 나무는 하늘을 향해 똑바로 자라 지 못한 채 어실각 쪽으로 기울 어져 있다. 하지만 전해지는 이야

—
어실각 앞 향나무

기와 함께 보니 이 모습은 마치 그리운 어머니한테 기대어 있는 아들의 모습처럼 보이기도 한다. 부모를 향한 그리움은 만인지상의 지위에 있었던 제왕이나, 일개 촌부나 모두 같은 것임을 알 수 있다. 어머니에 대한 영조의 그리움이 또다시 가 슴을 저려오게 한다.

03

땅·몸·말·마음을 지키려던 이들, 파주에 잠들다

| 석인 정태진 기념관 - 정태진묘 - 파주 윤관장군묘 - 상
  서대 - 허준묘 - 반구정 - 황희정승묘

우리 말과 글을 지켰던, 정태진 기념관과 묘
우리 땅을 지키고 여진을 정벌한, 윤관장군묘와 상서대
우리 몸을 이해하고 민족의학을 집성한, 허준의 묘
누렁소의 마음도 헤아려 지키려 했던, 황희 정승의 묘
와 반구정

우리말 가운데 '얼'이라는 말이 있다. '겨레의 얼을 지킨다'라고 하거나 '얼이 빠졌다'라고 할 때 그 '얼'이다. 얼은 '정신의 줏대'라고 하는데, 흔하게 보자면 '정신'이나 '혼'과 같은 뜻으로 쓰이는 말이다. 석인 정태진 선생은 '겨레의 얼은 겨레의 말인 한글을 통해 지켜진다'라고 믿었다. 그럴 것이다. 하지만 말만으로는 될 수 없겠지. 얼을 가진 겨레가 모여 살 수 있는 땅도 있어야 하고, 겨레의 목소리가 울릴 주권도 있어야 한다. 그분일까? 겨레 구성원들의 몸과 마음도 소중히 다뤄져야 겨레의 얼도 소중히 간직될 수 있을 것이다.

철 지난 '얼 타령'을 이렇게 장황하게 늘어놓는 것은, 그리고 보니 파주에 잠들어 있는 선인들의 삶이 모두 이 '얼'이라는 것을 지키기 위한 염려와 고민, 분투의 흔적인 것 같아서다. 앞서 말한 석인 정태진 선생으로부터 고려의 윤관 장군, 민족의학의 집성자 허준 선생, 그리고 조선의 명재상이었던 황희 정승까지, 이들이 바로 이 글에서 소개할 '얼 지킴이'들이다.

우리 말과 글을 지켰던,
정태진 기념관과 묘

파주시청이 있는 도심으로 가다 보면 파주시 중앙도서관 옆에 자리 잡은 아담한 한옥을 볼 수 있다. 한글학자 석인 정태진丁泰鎭(1903~1952)의 기념관이다. 그의 생가는 택지개발과 함께 사라졌지만, 생가터에 남아 있던 주춧돌을 활용해 기념관을 만들었다. 기념관 안에는 정태진 선생의 저작들과 유품, 기사 자료 등을 전시하였고, 기념관 바깥에는 '석인 정태진 선생 문학비'와 함께 그의 묘가 있다.

석인 정태진 선생(ⓒ 파주시청)

'석인 정태진 선생 문학비'에는 1952년 그가 쓴 시詩 「한 생각」이 새겨져 있다. 그는 다음과 같이 읊었다.

어버이 주신 입 겨레에게 받은 붓을
헛되이야 쓰오리만 어이 거저 두오리까?
무거운 임의 은혜를 못 갚을까 두려워.

우리말 크나큰 홰에 한글의 불을 다려
백두산 상상봉에 높이높이 세우고자
배달의 넓은 들 위에 고루고루 비추리.

우리말 크나큰 배에 한글의 돛을 달고
먼 먼 바다 밖에 두루두루 다니고자
고려의 귀한 보배를 온누리에 전하리.

—
석인 정태진 기념관 주변으로 아파트가 숲을 이루고 있다.

자신의 시처럼 그는 한글의 불을 세우고 이를 통해 어두웠던 한반도의 온누리를 밝히고자 했다. 이 시를 썼던 1952년, 아직도 한국전쟁이 한창이던 때에도 그는 『조선말 큰사전』 편찬을 위한 원고 작업을 이어갔다. 전쟁과 같은 참혹한 상황도 그의 사랑과 열정을 꺾지 못하였다. 전쟁의 포화가 한반도를 불태우는 동안, 정태진 선생은 자신의 몸을 불살랐다. 넉 달 반 만에 완성한 원고를 넘긴 후, 결국 그해 11월 2일 세상을 떠났다.

안타까운 일이다. 하지만 그와 같은 사랑과 열정이 없었더라면 오늘날 우리가 누리는 우리말의 혜택과 편리함은 가능하지 않았을 것이다. 일제의 엄혹한 통치 하에서 우리말을 수집하고 한글 표기와 문법 등을 체계화했던 그들의 노력이 없었더라면 한글의 역사 또한, 지금과 같지 않았을 것이기 때문이다.

2019년에 개봉했던 영화 「말모이」는 바로 이들의 사랑과 열정을 다루고 있다. 한글학자 주시경周時經(1876~1914)과 김두봉金枓奉(1889~1960)이 '말모이' 편찬사업을 시작하고, 조선어학회를 결성하였다. 조선어학회는 일제의 탄압으로 중단되었다가 1941년 다시 이어졌다. 석인 정태진 선생은 조선어학회가 다시 시작된 1941년 조선어학회 사전편찬 전임위원이 되었다. 미국에서 철학과 교육학 전공으로 박사학위를 취득하고 돌아와 영생여자고등학교에서 학생들을 가르치던 때였다.

영화에서처럼 조선어학회 위원들은 일제의 감시망을 피해 전국의 사투리를 모았다. 하지만 끊임없이 이를 감시하고 있던 일제는 1942년 10월 1일부터 1943년 4월 1일까지 조선어학회 회원 33명을 잡아들였고, 이들을 '치안유지법' 상의 내란죄로 처벌하였다. 이윤재李允宰(1888~1943), 한징韓澄(1886~1944) 등이 가혹한 고문으로 목숨을 잃었고, 이극로李克魯(1893~1978), 최현배崔鉉培(1894~1970), 이희승李熙昇(1897~1989), 정인승鄭寅承(1897~1896) 등이 실형을 선고받았다. 정태진도 2년간 옥살이를 했다.

하지만 조선어를 향한 이들의 열정은 이후로도 지속되었다. 광복 이후 조선어학회를 다시 만든 이들은 『조선말 큰사전』 편찬을 시작하였다. 1947년 10월 9일 한글날, 드디어 『큰사전』 제1권을 내놓았고, 1957년 6권의 『큰사전』을 출판하였다. 이로써 조선말 큰 사전 편찬사업을 완수하고 오늘날 한글의 체계를 세울 수 있었다.

우리 땅을 지키고 여진을 정벌한,
윤관장군묘와 상서대

오늘날 우리가 쓰는 한글이 일본 제국주의의 엄혹한 통치에 저항해 싸웠던 한글학자들의 사랑과 열정이 남긴 것이라고 한다면, 우리가 오늘날 알고 있는 압록강과 두만강을 경계로 한 한반도의 지리적 형상은 조선의 세종대왕 때 진행된 북방 영토의 개척사가 일구어낸 것이라고 할 수 있다.

어떤 민족이 세운 나라든, 그 영토는 역사적으로 끊임없이 달라진다. 애초에 확정된 영토란 없다. 한국인의 역사에서도 만주를 비롯한 북방은 과거 고구려의 영토였으나, 발해의 멸망 이후로는 다민족들의 각축장이 되었다. 후삼국을 통일하고 발해 유민을 흡수한 고려에도 북방 영토는 과거 고구려의 영토였을 뿐, 자신들의 영토는 아니었다.

파주시청에서 동북쪽으로 가다보면 고려의 북방 영토 개척사를 대표하는 윤관尹瓘(?~1111) 장군의 묘와 그의 별장이었던 상서대尙書臺가 나온다. 고려 문종文宗(1019~1083) 때, 문과에 급제한 윤관은 여진 정벌의 임무를 받고 정벌에 나섰다가 패배하여 귀환하였다. 이후 그는 '별무반別武班'이라는 특수부대를 만들고 힘을 기른 후, 1107년 여진을 물리치고 그곳에 9개의 성을 쌓았다.

그러나 이런 업적에도 불구하고 그의 말년은 비극적이었다. 여진이 강화의 조건으로 9성을 돌려 달라고 하자 1109년 고려 조정은 이를 수용했을 뿐만 아니라 여진을 회유하기 위해 윤관의 벼슬과 공신호功臣號를 박탈하였다. 물론 다음 해인

—
윤관 장군 영정(© 파주시청)

윤관 장군 묘

1110년 그의 명예를 회복시키는 조처가 내려졌지만, 윤관은 이를 사양하였고 바로 이듬해에 죽었다.

당시 고려 왕조는 흥성했던 역사를 뒤로하고 서서히 쇠락해가고 있었다. 윤관이 죽은 뒤 고려에서는 15년 후 이자겸의 난이, 24년 후에는 묘청의 서경 천도가, 59여 년 후에는 무신정변이 일어났다. 그렇기에 그의 운명은 장차 닥쳐올 고려의 운명을 예고하고 있는 것이었는지도 모른다.

어쨌든 그는 고려를 무너뜨린 조선왕조에 의해 다시 고려의 충신이자 고려를 대표하는 인물이 되었다. 역성혁명 이후, 조선은 고려의 태조 왕건을 비롯한 6명의 고려 왕과 함께 16명의 공신을 모신 연천 숭의전지를 만들었는데, 윤관은 이곳에 배향한 된 인물 중 하나가 되었기 때문이다.

이처럼 윤관은 그의 비극적 운명과 달리 사람들에게는 여전히 시대를 대표하

상서대

는 영웅이었다. 그렇기에 그와 관련된 전설이 전해진다. 윤관 묘 앞에 있는 상서대 옆 개울 절벽에는 '웅담熊潭'이라는 작은 연못이 있고, 과거 그곳의 바위에는 현재 상서대 경내에 있는 낙화암비落花岩碑가 있었다. '웅담'은 '곰의 연못'이며 '낙화암비'는 '꽃이 떨어진 암석'이라는 의미가 있다. 꽃이 떨어진 바위가 있는 곰의 연못? 혹 '곰'이라는 이름을 가진 여인이 연못에 떨어진 곳이었나? 웅담과 낙화 암에는 두 전설이 전해진다.

하나는 윤관과 함께 상서대에서 시를 읊으며 술잔을 주고받던 기생 '곰'이 술에 취해 춤을 추다 발을 헛디뎌 연못에 빠져 죽었기 때문에 그 연못 이름을 '곰담'이라 불렀다는 이야기다. 그래서 '곰담'의 '곰'을 한자로 옮기면서 '웅담'이라 불렀다는 것. 다른 하나는 윤관의 첩 '웅단'이 전장에 나간 윤관을 기다리다가 그리움을 견디지 못해 못에 빠져 죽었고, 그래서 이 연못을 '웅담熊潭' 또는 '곰소'라고 불렀다는 이야기다.

물론 이제와서 무엇이 진실인지, 밝힐 수도 없거니와 밝히려 한들 무슨 소용일까. 기생 '곰'에 관한 이야기든, 첩 '웅단'에 관한 이야기든 그 덕에 이곳 마을은 '웅담리熊潭里'로 불리게 되었다. 마을 사람들이 생각하는 마을의 기원과 정체성은 윤관에게로 이어져 있는 것이다.

역사에 '만약'은 없다지만, 북방에 대한 끊임없는 쟁투가 없었더라면 우리의 '한반도'는 지금보다 훨씬 쪼그라들어 있었을지도 모른

상서대가 있던 곳

다. 그 북방 영토 개척사의 한가운데 바로 윤관 장군이 있었다. 그리고 그 윤관 장군은 지금은 이곳 파주에 남아 있다.

현재 윤관의 묘는 그가 살고 죽었던 고려 시대 때 조성된 것이 아니다. 이곳은 1764년까지 행적을 찾지 못하다가 윤관의 후손들이 현재의 위치에서 우연히 지석誌石을 발견함으로써 새롭게 만든 묘역이다. 그렇기에 제법 그럴듯하나 왕릉이 아니면 함께 쓸 수 없는 '문인석'과 '무인석'도 양쪽에 세워져 있다. 그리고 말 모양의 돌인 '마석'까지. 이들은 후손들이 덧붙인 것이다.

우리 몸을 이해하고 민족의학을 집성한,
허준의 묘

오늘날 우리가 누리는 삶은 이전에 살았던 사람들의 피와 땀이 일군 결실의

국보 제319-1호 동의보감(ⓒ 문화재청)

소산이기도 하다. 거기에는 한글처럼 우리의 말과 글을 다듬는 작업도 있지만, 사람들의 병을 치료하고 그것을 체계화하는 작업도 있었다.

성리학을 숭상하였던 조선에서 양반들은 공자왈 맹자왈 고준담론을 일삼으며 도덕 예절과 추상적 가치를 강조하면서 예술과 기술, 과학을 천시했다. 하지만 그런 환경 속에서도 자신의 재능을 일군 장영실蔣英實(?~?)과 허준許浚(1539~1615) 같은 천재들이 있었다.

파주 진동면 하포리 민통선 안에는 동아시아를 대표하는 한의사이자 한의학자인 허준의 묘가 있다. 허준은 첩의 아들인 서자였다. 비록 양반의 자식이라 하더라도 조선에서 서자는 양반이 되지 못했다. 그래서 그는 당시 중인이 하던 의원이 되었던 것인지도 모른다.

하지만 그는 위대한 의학 업적을 남겼다. 그는 1587년 선조를 치료해 호랑이 가죽을 상으로 받았고, 1590년에는 당시 왕세자였던 광해군의 천연두를 치료해 정3품 당상관인 통정대부通政大夫가 되었다. 당시 서자 출신이 받을 수 있는 최고의 관직은 정3품 당하관이었다. 허준의 관직은 이런 관례를 벗어난 것이었기에 양반들의 심기를 불편하게 만들었다. 하지만 그는 양반 사대부의 질시와 투기에도 불구하고 승승장구하였다. 실제로 그는 1604년 임진왜란 때의 공로를 인정받아 호성공신扈聖功臣 3등 및 양평군陽平君이 되기도 했다.

허준 묘는 한국전쟁 이후 그 위치를 잃어버렸다가 『양천허씨족보陽川許氏族譜』에서 그 기록을 찾게 되었고, 이에 따라 이 지역을 조사하다가 파헤쳐진 봉분과 묘비 등을 발견하였다. 발견 당시 비석에는 '陽平□ □聖功臣 □浚'이란 글자가 있었다. 이는 본래 '양평군陽平君 호성공신扈聖功臣 허준許浚'이라는 글자로, 닳아 없어진 것이었다.

호성공신은 임진왜란 때 선조를 모시고 의주까지 호종했던 공신들을 분류한 것이다. 1등 공신은 이항복과 정곤수, 2등 공신은 류성룡, 이후, 정원군, 이원익, 윤두수 등 35명이었다. 3등 공신은 모두 54명인데, 허준의 이름이 바로 여기에 열일곱 번째로 올려져 있다.

심지어 1606년에는 선조를 치료한 공로로 정1품이 부여되었다. 그러나 기득권을 쥐고 있던 양반들의 눈에는 도저히 받아들일 수 없는 승진이었다. 이는 신분질서를 해치는 잘못된 조치라는 사간원과 사헌부의 반대가 줄을 이었고, 결국 정1품의 벼슬은 취소되었다. 게다가 1608년에는 선조가 병으로 죽자 이에 대한 책임을 물어 1년 8개월 동안 의주에 유배되기도 했다.

허준 묘(© 파주시청)

하지만 허준은 좌절하지 않았다. 그는 유배 생활 동안 국보이자 2009년 유네스코 세계기록유산으로 지정된 『동의보감』을 썼고, 이를 기반으로 하여 1609년 광해군의 어의로 복직하였다. 이후에도 『동의보감』 이외의 여러 의학서를 집필하였다. 이러한 과정을 거치면서 그는 의원에서 한의학자로, 조선의 어의에서 동아시아 최고의 의학자이자 한의학의 집대성자가 되었다.

허준은 왕의 건강을 돌보는 측근이었지만, 동시에 다른 양반 사대부의 질투와 비난을 받아 마땅했던 '건방진 서자'였다. 그러나 그는 양반들의 시선을 의식하기보다 더 중요한 문제에 온전히 몰두하였다. 바로 우리 겨레의 '몸'이다. 그 덕분에 조선은 『동의보감』이라는 위대한 의학서를 갖게 되었고, 오늘날까지 그 유산이 이어지고 있다. 잘 정리된 우리 겨레의 의학 체계가 오늘의 우리에게까지 전해질 수 있었던 것은 허준의 공로다. 새삼 존경심이 우러난다면 파주 허준의 묘역에 꽃 한 송이를 두고 오는 것은 어떨까.

누렁소의 마음도 헤아려 지키려 했던,
황희 정승의 묘와 반구정

예나 지금이나 정치는 많은 사람의 삶에 직접적인 영향을 미친다. 조선은 '왕도정치'를 내세우며 성리학의 이념으로 성인聖人의 나라를 건설하고자 하였다. 하지만 조선의 사대부들이 내세웠던 고상한 이념은 조카를 죽이고 권력을 찬탈한 세조의 집권에서부터 시작해 끊임없이 흔들렸다.

유학자들도 마찬가지였다. 물론 성리학의 이념을 실현하기 위해 노력한 학자들도 있었다. 그러나 현실에서 유학의 이념은 하나의 공동운명체가 되어가는 '대동大同'보다는, 혈족과 신분에 따른 '상반常班'의 질서를 강화하는 방식으로 작동하였다. 학문은 출세하거나 권력을 장악하는 수단이 되었고, 유학은 백성을 길들이는 도구가 되었다.

하지만 이들 중에도 백성의 칭송을 받는 경우가 있었다. 방촌 황희(1363~1452)는 조선 전기의 이름난 정승의 한 사람이다. 그는 애초 고려가 망한 뒤 두문동杜門洞에 숨어 지냈으나 조선 태의 부름을 받아 출사한 이후, 태종과 세종의 신임을 받으며 3대 24년간을 재상으로 지냈다. 그는 무려 74년을 관직에 있었다. 게다가 18년을 '일인지하 만인지상'인 영의정으로 재직하였다. 가히 최고의 관료라고 할 수 있다. 그런데도 그는 '청백리'로 이름을 날렸다. 그렇기에 사람들은 지금까지 그를 모든 관료의 표상이자 사표로 삼아 칭송하고 있다.

황희는 직책에서 물러난 뒤, 반구정伴鷗亭에서 3년을 은거하다가 세상을 떠났다. 임진강 변 절벽 위에 우뚝 선 정자의 본래 이름은 낙하정洛河亭이었다. 낙하진洛河津과 가까이 있어서 붙여진 이름이다. 그러나 황희는 임진강 변의 갈매기와 벗을 하겠다는 의미에서 '반구정'으로 이름을 바

반구정

낙화암이 있던 곳

—
황희정승의 묘

꾸었다고 한다.

'황희' 하면 떠오르는 이야기가 검정소와 누렁소의 이야기다. 키우는 소의 마음도 조심스레 대하는 농부를 만난 뒤 그는 더욱더 말조심을 했다고 한다. 유능하기도 하고 올곧기도 했지만, 그가 오늘날까지 '정승'의 대표 주인공이 될 수 있었던 것은 행여 상처를 줄까 늘 경계하던 바로 그 마음 때문일 것이다.

임진강의 유연한 물줄기를 따라 갈매기들이 노닌다. 그렇기에 반구정은 이름 그대로 갈매기와 벗 삼을 만하다. 하지만 그 아래 강변을 따라 세워진 철책선은 이곳이 남북 대치의 최전방임을 체감하도록 만든다. 유유히 흐르는 물결의 흐름을 따라 노니는 갈매기는 철책을 넘어 남북을 오가지만, 우리는 그 강물의 흐름을 따라가지 못한다.

황희정승묘 신도비각

    갈매기와 작별하고 임진강 변을 따라 남쪽으로 내려오면 황희 정승의 묘가 있다. 재상으로 이름을 날린 만큼 묘역의 규모 또한 크다. 3단 형식으로 봉분만 해도 둘레 34m, 높이 4m에 이른다. 하지만 묘지 아래 좌우로는 동자석과 문인석한 쌍만 있다. 왕이 아니기 때문에 무인석이나 석마는 없다. 묘역 아래에는 황희의 영정을 모신 영정각과 신도비를 모신 신도비각이 있다. 신도비는 두 개인데, 그중 하나가 1505년 신숙주가 글을 짓고, 안침安琛이 쓴 신도비다.

    태종의 신임을 받았으며 세종의 오랜 재상으로 일하였지만 개국 공신이 아니었던 황희, 세조를 도와 계유정난과 단종퇴위에 적극적으로 가담하였던 신숙주의 조합은 기묘한 이질감을 느끼게 한다. 둘 다 위대한 학자였고 행정가였던 것은 사실이지만 말이다.

석인 정태진 기념관

석인 선생의 기념관은 원래 그의 생가와 묘가 있었던 파주 금촌동에 지어졌다. 생가의 주춧돌을 기반석으로 삼아 한옥으로 지었다. 기념관 안에는 석인 정태진 선생의 저작, 유품, 기사 자료 등이 전시되어 있고, 바깥에는 석인 정태진 선생 문학비가 세워져 있다.

석인 선생은 1903년생이다. 1952년 작고하였으니, 그의 삶은 일제강점기와 전쟁으로 가득 차 있었다고 해도 과언이 아닐 것이다. 석인 선생은 경성고등보통학교를 거쳐 연희전문학교에 입학했고, 여기서 정인보와 정인승을 만났다. 그는 1925년 연희전문학교를 졸업하고 함흥의 영생여자고등보통학교에서 영어와 조선어를 가르쳤다. 1927년 미국으로 건너간 그는 우스터대학교과 콜롬비아대학교에서 철학과 교육학을 공부하고 돌아와 1931년부터 11년 동안 영생여자 고등보통학교 교사로 근무하였다. 그가 방언을 수집하고 우리말과 역사를 연구하던 때가 바로 이 시기다.

1941년에는 영생여자고등보통학교를 그만두었는데, 바로 조선어학회의 사전 편찬위원이 되기 위해서였다. 이 때문에 일제에 의해 투옥되기도 하는 등 여러 고초를 겪다가 해방이 되자마자 『조선말 큰사전』 편찬을 시작했다. 『큰사전』은 1947년 10월 9일에 제1권이 발행되었고, 제2권은 다음 해 5월 5일에 발행되었다. 모두 석인 선생의 손을 거쳤다. 1948년에는 『조선 고어 방언사전』을 펴냈다.

한국전쟁 때는 파주와 부산으로 피신하였다가 1952년 서울로 돌아와 사전편찬 작업을 이어갔다. 같은 해 『큰사전』 제4권에서 제6권까지 원고를 썼다. 그러나 그해 11월 파주로 식량을 구하기 위해 타고 갔던 군용트럭이 전복되어 세상을 떠

—
정태진 기념관

났다.

그의 삶은 우리 말을 지키기 위한 투쟁의 삶이었다. 그는 1962년 한글 발전에 대한 공로를 인정받아 대한민국 건국공로훈장에 위훈 되었다.

04

망원경 안의 세계, 전망대 너머의 평화

장산전망대 – 통일대교 – 제3땅굴 – 도라산 전망대 – 도
라산역 – 경의선 남북출입사무소

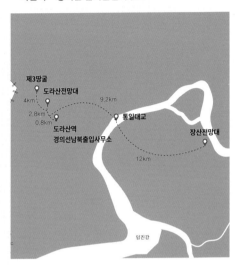

장산전망대, 멀리서 보는 초평도
통일대교, 남북을 다시 잇겠다는 이름
제3땅굴, '묻지 마 안보관광'을 넘어
도라전망대, 렌즈 넘어 보이는 실향의 아픈 마음
도라산역과 경의선 남북출입사무소, 남북교류의 등대
지기

장산전망대,
멀리서 보는 초평도

파주의 동쪽과 서쪽에는 전망대가 하나씩 서 있다. 동쪽의 전망대는 많은 사람이 찾는 잘 알려진 '도라전망대'다. 반면 서쪽의 것은 거의 알려지지 않았다. 임진각에서 6km 동쪽으로 떨어진 임진강 강변에 있는, 바로 인근 마을의 이름을 딴 '장산전망대'. 파주 올레길 트레킹 코스를 걷다가도 만나는 장산전망대는 멀리 개성시와 장풍군 땅이 보일 정도로 북녘과 가깝다. 황혼 녘의 여유로운 사색을 즐기기 딱 좋은 전망대다. 아무런 편의시설도 없지만 때 묻지 않고, 분주하지도 않은 느긋함이 충분한 편의를 제공한다.

구름이 없고 바람이 잔잔한 날에 찾아가면, 이런저런 남북 접경지역의 주요 명소를 골라 볼 수 있다. 개성을 상징하는 송악산松岳山, 장군봉將軍峯, 천덕산天德山, 덕물산德勿山, 진봉산進鳳山 등등 슬쩍슬쩍 춤추듯 솟은 해발 400~500m 남짓의 산세조차 푸근하게 시야에 들어온다. 눈을 돌려보면 해발 167m의 도라산都羅山과 통일대교, 개성공단을 넘어 북의 기정동 마을과 남의 대성동 마을이 스치고, 극락봉極樂峰을 지나 파주 덕진산성坡州 德鎭山城과 백화사白華寺, 해마루촌이 눈 안에 담긴다.

그러나 장산전망대의 전망은 특히 임진강의 하중도河中島, 즉 강 중간에 있는 섬인 '초평도草坪島'에서 비로소 제 몫을 한다. 섬 오른쪽에서 흘러온 임진강 물길이 초평도를 만나 위와 아래로 나누어지는 곳. 유유히 굽이쳐 돌아가는 임진강 건너 초평도는 한국전쟁 이후 무인도로 남겨져 독자적인 습지 생태계가 보전된, 민통선 이북에 속한 섬이다.

면적은 1.765km² 정도로 아담한 크기이지만 지금은 DMZ 자연의 보고 중 하나로 불리는 초평도. 한국전쟁 이전에는 원래 논으로 개간된 곳이었다. 이후 자연

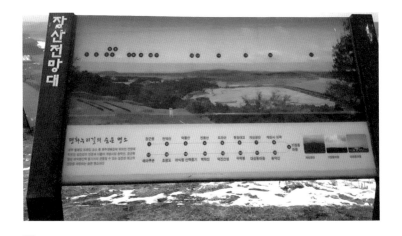

장산전망대 안내판

스럽게 습지 생태계가 형성되었고, 전쟁과 분단으로 수십 년 동안 사람들이 들어가지 않게 되자, 인근에서는 볼 수 없는 멸종위기 동물이 모여 살게 되었다. 지금은 몇 차례의 학술조사 외에는 사람의 출입을 금지하며 이들 멸종위기 동물을 보호하고 있다.

2009년 2월에는 초평도 내부에서 일어난 자연 화재로 섬의 약 30% 면적이 불탔다. 다들 걱정하였지만, 초평도는 사람의 개입 없이 자신의 생태계를 회복하였다. 2012년에는 환경부가 이 일대를 임진강하구 습지보호 구역으로 지정하면서 핵심 장소인 초평도를 제외하여 논란을 낳기도 했다. 초평도를 단순한 부동산 논리로 개발할 수는 없는 것이라고, 많은 사람이 우려의 목소리를 냈다.

초평도 주변은 강폭이 넓지 않고, 수심이 깊지 않아서 지금이라도 당장 들어가 볼 수 있을 것만 같다. 하지만 요란을 떨지 않고 그저 조용히 바라보기만 하는 것이, 전쟁의 상처 위에서 푸른 생명을 틔워낸 애틋한 섬을 좀더 위하는 방

책임이 분명하다. 이제 초평도의 주인은 더 이상 인간이 아니다. 풀과 나무, 꽃과 구름, 들짐승과 날짐승이야말로 지금의 초평도를 가꿔낸 '초평도의 실제 주민'들이다.

서쪽에서부터 하늘이 붉어지며 임진강 위에도 노을이 내렸다. 초평도를 바라보며 평화라는 가치를 드러낼 다양한 표현을 떠올려본다. 이 땅의 평화는 단순히 남북의 정치체들이 서로의 적대 관계를 청산하는 것에 한정되지 않는다. 평화는 어우러짐이다. 너무나도 서로 다른, 사람과 사람이, 그리고 자연과 인간이 어떻게 조화를 이루며 더불어 살아갈 것인지가 평화의 실체라고 할 수 있다.

통일대교,
남북을 다시 잇겠다는 이름

한반도의 평화를 만들고, 다시 그 안에서 어떻게 조화롭게 살아갈 것인지, 파주로 내려가며 물음을 이어가자. 더불어 살아가기 위해서는 서로가 통해야 한다. 말이 통하고 길이 통하면 벽은 허물어지고 문은 열리게 되어 있다. 그러려면 남북의 정치적 합의가 아무래도 우선이리라. 남북이 함께 만들어가는 평화의 길 가운데, 바로 이곳 도라산역이 있다. 도라산역에 가기 위해서는 통일대교를 건너야 한다.

북쪽 접경지역 중 서울 도심에서 접근성이 가장 좋은 곳은 파주시다. 서울시청에서 통일대교까지, 한 시간 남짓의 길 이름은 '1번 국도'. 남북이 분단되기 전에는 목포항에서 출발하여 평안북도 신의주시 압록강 국경선에 닿던 1,068km의 한반도 종단길. 1번 국도의 역사도 한민족의 역사만큼이나 굽이져 있다.

국도 1호선의 일부인 '의주로義州路'는 고구려 시대부터 만들어져 조선 시대

—
통일대교(ⓒ 퍼블릭도메인)

에 완성되었다. 의주로는 국가의 중심도로로서, 약 1,080리의 교통 통신로였다. 현재 중국의 단둥丹東시와 마주 보고 있는 신의주시는 중국과의 사신 왕래에 사용되던 의주로의 종점이었다. 임진왜란 당시 선조가 불타는 경복궁을 뒤로 한 채 급히 몸을 피했던 곳도 의주였다. 곧장 중국으로 망명할 수 있는 통로였기 때문이다.

일제 강점기 당시, 일제는 이 길의 실용성과 상징성을 거꾸로 이용하고자 그 악명 높은 '서대문형무소'를 지었다. 유관순 열사가 옥사했던 바로 그곳, 서대문형무소는 독립투사를 고문하고 사형시켰던 곳이다. 1907년 의주로 가는 길목인 인왕산 기슭에 일본인 건축가가 설계한 최초의 근대식 감옥 시설로 만들어졌는데, 당시 이름은 '경성 감옥'이었다. 이후 1912년에 '서대문감옥'으로 이름을 바꿨다가 1923년에 '서대문형무소'로 변경됐다.

그러나 이 유서 깊은 길에 남겨진 비탄의 절정은 뭐니 뭐니 해도 남북분단의 상징인 '판문점'일 것이다. 판문점에서 의주로 가는 길은 그 허리가 끊어졌다. 자유의 다리를 대체하여 남북을 다시 이으려 지어진, 1998년 개통된 900m의 통일대교는 임진강을 건너 남북을 오갈 수 있는 유일한 다리다. 그리고 이 다리가 개통된 바로 다음 날, 다리는 제 이름의 몫을 하려는 듯 긴 줄을 이루며 500마리의 소떼를 실은 트럭들을 북으로 보냈다.

정주영 현대그룹 회장이 부친의 소 판 돈을 들고 고향인 강원도 통천군을 뛰쳐나온 것은 열일곱 살 때였다. 66년 만에 고향으로 돌아가기 위해 방북하던 날,

그는 다음과 같이 감회를 밝혔다. "한 마리의 소가 1,000마리의 소가 돼 그 빚을 갚으러 꿈에 그리던 고향 산천을 찾아간다."

두 번에 걸쳐 모두 1,001마리의 소가 통일대교를 건너갔다. 그 후 10여 년간 남북은 활발한 민간교류를 이어갔는데, 이 장면은 막혀 있던 남북의 숨통을 틔워주는 역사적인 명장면이었다. 또한, 통일대교는 지금은 폐쇄된 '개성공단'에서 일하는 사람들이 상시로 이용하던 출퇴근로이기도 했다.

'도라산역'이나 '도라전망대'에 가기 위해서는 누구나 반드시 이 다리를 지나야 한다. 다리를 지나며 유유히 흐르는 임진강을 내려다본다. 북에서 흘러온 임진강의 물길은 여기서 20km를 더 흘러 한강과 한 몸이 되어 서해로 흘러간다. 임진강과 한강이 합쳐진 강의 이름은 '조강祖江', 말 그대로라면 '선조가 되는 강'이다. 그러고 보니 우리들의 선조도 따져보면 결국 하나로 합쳐지지 않던가.

앞으로 통일대교는 제 이름 몫을 하던지, 아니면 그 이름을 잃고 퇴색되어 역사의 유물로 남을 것이다. 서로가 오갈 수 있는 길, 진정한 의미의 길을 내는 것은 중장비가 아니라, 서로를 향해 마음을 열고 달려가는 많은 사람의 견고한 걸음들이다. 진실한 마음으로 서로를 향해 걸음을 옮겨가다 보면, 서로 다른 두 지역을 구분하던 '경계'란 것도 흐릿해지다가 결국 사라질 것이다. 이렇듯 통일대교의 '특별한 의미'도 언젠가 흐릿해지다 결국 기억에서 사라질 날이 오리라.

제3땅굴,
'묻지 마 안보관광'을 넘어

도라산역으로 가는 평화의 길에 잠깐이지만 꼭 들를 곳이 있다. 제3땅굴이다. 임진각에서 출발하는 비무장지대 체험 여행은 파주시 'DMZ안보관광'으로 불린

—
제3땅굴(ⓒ 파주시청)

—
제3땅굴

다. 이 프로그램을 평화통일 여행이 아닌 안보교육 여행으로 만드는 것은 무엇보다 '제3땅굴' 코스다. 제3땅굴은 1978년 10월 17일 세 번째로 발견된 북의 군사 남침용 땅굴로, 입구는 군사분계선(MDL)에서 불과 435m밖에 떨어지지 않은 곳에 있다.

1974년 남쪽으로 온 김부성의 제보로 이 일대의 땅굴 찾기가 시작되었다. 이후 4년여 만에 한 시추공에서 큰 소리가 나며 물이 솟아오르는 장면과 함께 땅굴이 발견되었다. 지하 73m까지 화강암층을 뚫어 폭과 높이가 2m가 채 안 되는 어둡고 축축한 땅굴을 안전모를 쓰고 걸어갔다 오면 땀이 흥건해진다.

땅굴을 오가는 모노레일이 몸을 웅크리고 걸어가는 수고를 덜어주지만, 컴컴한 땅굴이 우리에게 환기하는 것은 거의 변함없다. 바로 안보 태세를 철저히 하기 위한 '안보 의식' 고취와 적의 침략 야욕을 분쇄하자는 '적대감의 강화'다.

그런데 2018년 이후 남북 사이에 신뢰 관계가 다시 회복되면서 땅굴 입구 맞은편 'DMZ영상관'의 영상물에도 변화가 보였다. 비록 지금은 평화를 향한 노력이 더 큰 진전을 이루지 못하고 답보 상태에 있지만, 이름만 DMZ이고 실제로는 '중

무장 지대'인 이 지역을 '실질적인 비무장지대'로 바꿔나가기 위해서는 그동안 보이지 않고 말하지 못하였던 가치를 더 깊이 나눠야 할 때가 되었다.

평화와 통일을 바라보고 나아가야 한다. 그렇지 않으면 우리는 언제나 축축하고 음습한 '땅굴'에서 벗어날 수 없다. '땅굴' 대신, 이름과는 너무 다른 DMZ의 군사 무기 대신, 차라리 남북으로 나뉜 파주를 자유롭게 오가며 피어나는 들꽃과 동물을 소개하고, 함께 바라보면 어떨까?

이곳을 찾는 사람들의 마음도 같으리라. 이곳을 반복해서 방문하는 사람들은 땅굴을 다시 내려가지 않고 땅굴 뒤편에 마련된 작은 평화공원을 산책한다고 한다. 이곳이 훨씬 더 좋으니까.

경의선京義線 모형 철로 위를 걸으면, 몇 걸음 뗄 때마다 친숙하고도 낯선 북쪽역 이름이 휙휙 지나간다. '장단長湍', '개성開城', '한포汗浦', '사리원少里院', '대동강大同江', '평양平壤', '순안順安', '정주定州', '신의주新義州'가 손에 잡힐 듯하다.

'도라산역'에서부터 이어지는 실제 기찻길도 이렇게 하나로 연결되어 있다. 다만 사람들이 오가지 못할 뿐이다. 'DMZ전시관' 앞의 조형물 이름은 '하나 되는 지구'다. 지구 전체를 상상하기 전에 한반도부터 하나로 이어지는 미래를 내다볼 수는 없을까? 은밀하게 연결된 남북 사이의 옛길, 땅굴 대신 도라산 전망대로 걸음을 옮긴다.

도라전망대,
렌즈 넘어 보이는 실향의 아픈 마음

도라산에 세워진 '도라전망대'에서는 개성시를 아늑하게 감싼 해발 488m의 송악산松嶽山과 개성공단이 한눈에 훤히 내려다보인다. 원래 전망대가 있던 장

도라산전망대

도라산전망대(© 파주시청)

소는 군부대의 전방 관측소(Observation Post)가 있던 곳으로, 1986년 관측소가 폐쇄된 후 1987년 1월부터 전망대가 민간에 공개되었다.

현재의 전망대는 2018년 10월, 7년 동안 추진한 이전 공사가 완료되어 개관한 신축 건물이다. 새 전망대는 기존 전망대에서 북동쪽으로 207m 떨어진 언덕에 있는 지상 3층 건물로, 야전부대 막사 같던 이전 전망대와는 비교할 수 없을 만큼 개선되었다.

날씨가 좋을 때는 옥상에 설치된 망원경을 통해 개성시, 금암골, 장단역, 김일성동상, 북측 선전마을인 기정동機井洞 등을 볼 수 있다. 날씨가 흐리더라도 송악산과 개성공단 가운데 우뚝 선 흰색 고층 건물, 그리고 기정동의 높은 깃대를 통해 대략적인 위치를 파악할 수 있다.

도라산전망대에서 바라본 북한

도라전망대에서 바라본 북녘

한편, 도라산 정상은 조선 시대 초기에 봉수대가 설치되어 소규모 부대가 주둔하던 곳이기도 하다. 송도와 파주의 봉화烽火를 이어주는 이곳 봉수대는 급작스럽게 일어나는 국난이나 비상 상황을 한양이나 변방으로 알렸다. 이처럼 도라산은 예나 지금이나 남북을 잇는 통행의 관문이고 통신소의 역할을 하는 곳이다.

도라산은 역 앞에 솟아 있는 해발 156m의 나지막한 봉우리다. 879년 신라가 패망하자 마지막 왕인 경순왕은 지금의 개성시인 송도까지 고려 태조 왕건을 찾아와 항복하였다. 왕건의 딸인 낙랑공주와 혼인한 경순왕은 도라산 중턱에 있던 암자 근처에 머물렀는데, 천년왕국의 수도 서라벌(경주) 방향을 바라보며 눈물을 흘렸다고 전해진다.

이 일화로부터 도라산이라는 명칭이 붙여졌다. 도읍 도都와 신라의 나라 이름에서 가져온 라羅 자를 합쳐 도라산이라 부른 것이다. 경순왕은 살아서 경주로 돌아가지는 못하였지만, 그리워하던 고향 쪽을 바라보며 하염없이 눈물지었으리라. 이런 경순왕의 애처로움은 고향을 지척에 두고도 가지 못한 채 눈을 감아야 했던 실향민들의 애달픈 마음과 겹쳐진다.

도라산역과 경의선 남북출입사무소,
남북교류의 등대지기

아픈 마음을 달래며 도라전망대에서 도라산역으로 발걸음을 옮기면 우리는 실향민의 마음을 달래는 희망을 발견할 수 있다. 도라산역은 경의선 복구 사업으로 만들어진 새로운 역이자 남쪽 최북단 역이다. 남방한계선에서 약 700m 떨어진 도라산역은 남북을 잇는 세 가지 기찻길 중 하나인 동해선東海線의 제진역猪津驛과 함께 민통선 북쪽 지역에서 운행 가능한 역이다.

2000년 '6·15 남북정상회담' 이후 경의선 복구 사업이 시작되어 2002년 4월 11일에 완공된 역사驛舍는 분단을 극복하고 남북이 서로 마음을 열고 하나로 만나는 모습을 형상화해 설계했다고 한다. 1950년 한국전쟁이 발발하기 이전에는 38선 이남인 개성역까지 경의선이 운행하였다고 했으니, 문산역을 출발한 기차가 장단벌을 향해 나아간 것은 52년 만이었다.

용산역에서 출발하는 'DMZ평화열차'를 타고 '임진강역'에서 출입 허가를 받은

승객들은 도라산역에 도착하여 알 수 없는 설렘을 안고 플랫폼 곳곳을 둘러보게 된다. '평양 205km', '서울 56km'라 쓰인 이정표 앞에서 찍는 사진은 나중에 봐도 여운이 깊게 남을 것이다. 여러 전시물 중 눈에 띄는 것은 독일에서 건너온 '베를린 장벽'의 일부이다.

화해와 통합을 상징하는 장벽 좌우에 설치된 독일과 한반도의 '분단 시계'가 극명하게 대비된다. 독일은 통일된 날짜에 맞춰 전자시계의 시간이 멈춰 있지만, 한반도의 분단 시계는 1945년 8월 15일 이후 지금도 계속 움직이고 있다. 어느 역에나 있는 이정표 표지처럼 개찰구 위에 아무렇지 않게 적힌 '← 서울 방면', '평양 방면 →'이란 글자에 시선이 한동안 머물렀다.

만일 이곳에 다시 기차가 다니고, 경의선 남북출입사무소가 남북의 평화와 소

평양방면 개찰구

통을 만드는 중심지가 된다면, 이곳은 '평화통일 1번지'가 될 것이다. 그렇다면 우리는 더는 망원경을 통해서 북쪽을 들여다볼 필요가 없다.

도라산역과 연결된 '경의선 남북출입사무소'는 남북을 잇는 가장 빠른 통행로다. 일반 여행객들은 출입할 수 없지만, 사전에 특별히 방문을 허가받으면 둘러볼 수 있다. 이곳은 2003년 11월에 남북을 오가는 당국자들이나 2013년 3월 이전까지 개성공단에서 일하던 직원들의 출입 절차를 관리하기 위해 건립되었다.

현재 남북출입사무소는 이곳과 강원도 고성군 동해선의 시설 단 두 곳밖에 없다. 차량과 열차를 통해 남북을 오가는 사람과 물자가 모이는 이곳에서는 다른 나라의 국경지대나 여느 공항처럼 세관, 출입 심사, 검역 등의 출입 업무를 처리한다.

그런데 이곳에서 눈길을 끄는 것은 출국장이 아닌 '출경장', 입국장이 아닌 '입

도라산역 벽에 걸린 독일통일 자료판

경장'이라는 말이다. 이것은 남북관계가 일반적인 국가 대 국가 사이의 관계가 아니라, 함께 통일을 지향하는 특수한 관계임을 천명하고 있다. 그러한 상호 인정은 1991년 남북기본합의서 이후 남북이 줄곧 견지하는 기본 입장이다.

출입국出入國이 아닌 '출입경出入境'이란 간판을 보면서 새삼스레 생각한다. 남북 사이에 놓인 저 공백은 견고한 국경선이 아니라 서로의 합의에 따라 언제든 건너갈 수 있는 경계라는 것을 말이다.

웅장한 규모의 건물과 잘 갖춰진 시설이 무색할 정도로 그동안 경의선 남북출입사무소 이용자가 적었던 것은 남북교류가 그만큼 어려운 일임을 방증한다. 이곳이 남북의 사람들로 북적일 때까지 우리는 통일의 염원을 노래하고, 구체적 걸음을 계속 내디뎌야 할 것이다. 평화의 기운이 물밀듯이 흐르고, 통일의 길이 더욱 구체화 되는 그날을 상상해 본다.

이런 점에서 경의선 남북출입사무소를 통해 희미하게나마 밝힌 불빛이 한반도의 미래를 밝히는 등대가 되기를 다시 한번 기원한다.

도라산역

도라산역은 경기도 파주시 장단면에 있는 경의선京義線의 철도역이다. 남방한계선 700여m에 떨어진 남쪽 최북단 역으로 민통선 이북에서 운영되고 있는 유일한 역이다. 도라산역은 민통선 안에 있어서 임진강역에서 미리 출입 수속을 거쳐야 한다. 당연하지만 이때 반드시 돌아오는 표도 같이 끊게 되어 있다.

혹은 용산역에서 출발하는 DMZ-TRAIN을 이용할 수도 있다. 서울, 능곡, 문산, 운천, 임진강을 지나 도착한다. 민간인 통제구역이기 때문에 임진강역에 잠시 하차해서 출입 허가를 받아야 도라산역까지 가는 운행 열차를 이용할 수 있다.

도라산역은 6·15 남북정상회담 이후 2000년 9월 경의선 복구 사업의 하나로 공사가 시작되었고, 2002년 4월 11일에 완공되어 관광코스로 일반인에게 개방되었다. 도라산역에는 평양 205km, 서울 56km라 쓰여있는 이정표가 설치되어 있다. 남쪽 최북단에 있는 역이기 때문에 경의선 연결 시 세관 업무를 맡게 된다. 규모는 지하 1, 2층으로 연 4,700m²이다. 역사驛舍는 남북분단의 현실을 극복하고 서로의 마음을 열고 부드럽게 하나로 결합하는 모습을 형상화하였다고 한다.

도라산역 안에는 멋진 표어가 붙어 있다. "남쪽의 마지막 역이 아니라 북으로 가는 첫 번째 역입니다." 도라산역에 담긴 남북소통과 통일의 염원을 짐작할 수 있는 글이다. 완공 당시, 김대중 대통령과 조지 W. 부시 대통령이 철도 침목에 함께 서명하면서 한반도 통일 염원을 상징하는 대표적인 장소가 되었다. 이 것외에도 박근혜 전 대통령이 침목에 남긴 서명도 볼 수 있다.

역명을 알리는 플랫폼의 입간판에는 다음 역을 개성으로 표기해두었지만, 사

도라산역

실 그사이 몇 개의 역이 더 있다. 그렇지만 아무래도 '장단역'보다는 '개성역'이, 도라산역이 품은 남북화해의 희망을 더 잘 보여주는 듯하다.

05

성리학의 나라 조선에서 기호학파의 중심지였던 파주 1

향교 편

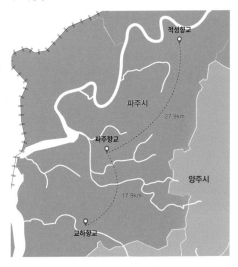

교육과 제향 공간을 나누지 않은, 적성향교
파주의 첫 번째 향교인, 파주향교
장릉 이전과 더불어 옮겨진, 교하향교
'향교 편'을 마치며

연천에서 파주로 내려오는 37번 국도는 임진강을 따라 화석정을 향한다. 이 길의 또 다른 이름은 '율곡로'다. 조선 중기의 걸출한 천재이자 조선 성리학을 대표하는 인물 중 한 명인 율곡 이이 선생의 호를 딴 이름 그대로, 율곡로는 조선 성리학의 여러 명승지를 가로지른다. 이번에는 그의 이름을 딴 길을 따라 그의 자취가 스민 파주의 향교들을 읽어본다.

민통선 안에 있어 복원하지 못한 장단향교까지 계산하면, 파주에는 향교가 넷이나 있다. 우리나라 시군을 통틀어 가장 많다. 이는 향교를 본격적으로 세우기 시작한 조선 초기 이곳이 파주, 적성, 교하, 장단 등 네 개의 군현으로 나뉘어 있었기 때문이다. 향교는 1군 1향교의 원칙에 따라 지어진 국립 지방 교육기관이었기 때문에 파주에는 많은 향교가 세워졌다. 여기서 성리학의 나라 조선에서 파주가 차지했던 위상을 짐작할 만하다.

교육과 제향 공간을 나누지 않은,
적성향교

37번 국도를 타고 파주로 넘어오면 곧장 가월리 교차로가 나온다. 가월리 교차로에서 남면 방향으로 좌회전을 해서 5분 정도만 가면, 적성향교가 있다. 적성향교의 '적성'은 이곳의 옛 지명이다. '칠중성, 적성향교'라고 적힌 갈색 표지판을 따라 우회전하여 좁은 길을 올라가면 높고 붉은 기둥 문이 보인다. '홍살문'이다. 홍살문이 있다는 것은 곧 그 뒤에 무언가 중요한 건물이 있다는 뜻이다.

홍살문 옆 공터에 차를 댄다. 대인이나 소인이나 모두 말에서 내리라는 '하마비'가 있다. 여기서부터는 신분이 아무리 높아도 말을 타고 들어갈 수 없다. 홍살문 뒤로부터는 세속의 권력을 따질 수 없다는 의미다. 꽤 최근에 세운 것 같긴 한

적성향교 홍살문

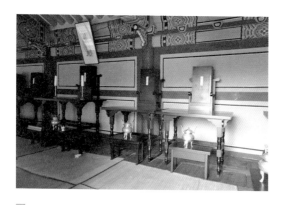

적성향교의 내부

데, 어쨌든 하마비가 있으니 차에서 내려 걸어 올라가기로 한다.

홍살문 뒤로 '적성향교積城鄉校'라고 쓰인 세로 현판이 붙은 외삼문이 보인다. 외삼문 주변으로 둘린 담장은 향교 안팎을 나누고 있다. 그러니까 외삼문은 향교의 본채로 들어가는 바깥 대문인 셈이다. 양쪽 지붕보다 가운데 지붕을 높인 '솟을지붕' 형태로 위엄을 더하였는데, 가운데 문은 평소에는 쓰지 않는다. 외삼문은 보통 중요한 건물의 문을 이중으로 둘 때 안에 둘린 내삼문과 구분하기 위해 세운다.

가운데 문은 그 건물의 주인 격인 이들만이 드나들 수 있고, 보통은 좌·우 문을 쓴다. 그런데 외삼문 가운데 표지판에는 이것을 '신삼문神三門'이라고 써두었다. 신삼문은 서울 성균관의 대성전, 동무, 서무가 있는 제향 공간의 정문 이름이기도 하다. 현판의 설명에서도 가운데 문은 신이, 양쪽 문은 사람이 드나드는 것이라 한다. 그렇다면 이 문 뒤의 건물 주인은 '신'이 되니 곧 문 뒤 건물은 사당, 곧 '대성전大成殿'이라는 말이다.

사당인 '대성전'이라? 그럼 이곳은 학문을 닦는 '명륜당'을 뒤에 둔 '전묘후학

前廟後學'의 구조인가 싶어 안을 들여다본다. 원래 향교는 강학 공간인 명륜당과

제향 공간인 대성전으로 구분되는데, 아무래도 공자 등의 위패를 모신 제향 공간

의 위상이 더 높게 설정되다 보니 보통은 제향 공간을 뒤에 두곤 한다.

　적성향교도 그런가 하여 들어가 보니, 어라? '명륜당明倫堂'이라고 쓰인 큰 현

판이 먼저 눈에 들어온다. 전형적인 전학후묘前學後廟의 구조. 그런데 명륜당과

대성전 사이에 있어야 할 내삼문이 없다. 이곳은 내삼문을 따로 두어 강학 공간과

제향 공간을 구분하지 않았다. 이것은 또 재미있는 배치. 그렇다면 향교 바깥

외삼문은 곧 대성전으로 가는 문이기도 하니, 신삼문이라고 부를 만도 하다.

향교 안으로의 출입은 통제되어 있었다. 아쉽지만 낮은 담장 너머로 명륜당과 대성전의 외관을 보는 것에 만족해야 했다. 외삼문 오른편에는 '적성향교 사적비'와 '향교사적헌성기념비'가 나란히 서 있다. 새것 느낌이 물씬하다.

'향교사적헌성기념비' 옆면에는 '서기 2016년 9월 10일', '적성향교 사적비' 뒷면에는 '공기 2567년 2월'이라고 되어 있다. 공기孔紀는 공자가 탄생한 해인 기원전 551년부터의 계산이니 '공기 2567년'은 '서기 2016년'이다. 두 비석 모두 지어진 지 얼마 되지 않아 깨끗했다. 하마비를 세운 후, 주변을 정리하고 세운, 생경한 두 비석을 뒤로 하고 파주향교로 향한다.

파주의 첫 번째 향교인,
파주향교

파주향교는 우계로를 따라 내려오는 길, 파주초등학교 뒤편 봉서산 낮은 자락에 있다. 군부대를 피해 산자락 길을 빙 둘러 돌아 들어가면, 야트막한 산세를 따라 약간씩 높아지는 일군의 한옥 건물이 보인다. 파주향교다. 단출한 적성향교에 비하면 파주향교 건물은 거의 두 배 반은 되어 보인다.

주차장인 듯한 넓은 공터에 차를 대고 시멘트 포장도로를 따라 파주향교로 들어가다 헛웃음이 났다. 향교로 들어가는 도로가 홍살문과 외삼문 샛길이었기 때문이다. 홍살문 바로 앞에는 검은 장막이 처져 있었다. 군부대가 있는 곳인 듯했다. 홍살문 바로 앞까지 들어찬 장막 때문에 비교적 큰 향교임에도 불구하고 옹색한 느낌을 지울 수 없었다. 어쩔 수 없었던 것 같긴 했지만, 왠지 아쉬웠다. 뒤로 10m 아니, 5m만 물러 그 앞 공간을 비워 줬다면 이렇게 답답하지는 않았으리라.

파주향교 동재(ⓒ 문화재청)

파주향교 서재(ⓒ 문화재청)

파주향교는 파주지역에서 가장 먼저 지어진 것으로 그 기원은 1304년 고려 충렬왕 30년까지 거슬러 올라간다. 파주향교 옆에는 파주목 관아가 있었다고 한다. 조선 시대 행정제도에 따르면 목(목)은 '도道' 아래 세 번째로 큰 단위다.

1485년 완성된 『경국대전經國大典』에 따르면 파주는 목, 장단은 군, 교하와 적성은 현이다. 『경국대전』에 정한 향교의 학생정원 역시 도, 대도호부, 목은 90명, 도호부는 70명, 군은 50명, 현은 30명으로 배정되어 있으니, 파주목의 파주향교는 파주에서 가장 오래된 향교이자 가장 큰 향교인 셈이다.

'파주향교坡州鄕校'라고 쓰인 현판은 '적성향교'의 것과 같다. 비슷한 시기, 비슷한 곳에서 만든 느낌이다. 솟을대문의 외삼문은 적성향교보다 오래되어 보인다. 감히 가운데 문으로 들어갈 수 없으니 마침 열려있는 오른쪽 문을 열고 들어가 본다.

양 측면에 학생들의 기숙사였던 동재와 서재가 있고, 정면에는 명륜당이 있다. 명륜당 뒤 낮은 담벼락 뒤로 두 고목과 함께 대성전이 보인다. 전형적인 전학후묘의 배치다. 외삼문, 내삼문도 제대로 갖춰져 있다. 그런데 이상하다. 기

—
파주향교 명륜당(© 문화재청)

묘한 느낌을 지울 수 없다. 무언가 어색했다.

가만 보니 우선 명륜당이 이상했다. 명륜당은 강학 공간으로 보통 그 안은 넓은 강당처럼 되어 있기 마련이다. 그 안에서 학생들은 돌아가며 경전을 읽고 토론을 벌였다. 학생들의 독경 소리가 넓게 퍼지는 명륜당의 전면은 보통 창호를 전부 열 수 있게 되어 있게 마련인데, 작은 창문들이 다닥다닥 붙어 있을 뿐이었다.

하얗게 칠해진 시멘트벽보다 이질감이 드는 것은 이곳이 전혀 전통적인 한옥의 양식이 아니었기 때문이다. 적성향교 명륜당의 우아한 풍채는 찾아볼 수 없고, 창고 같은 건물 앞에 기다란 국기 봉이 세워져 있었다.

게다가 동재와 서재는 명륜당과 어울리지 않은 전혀 다른 양식으로 복원되어 있었다. 이쪽이 오히려 전통적인 느낌이었다. 시트지로 붙여둔 '동재', '서재'의 현판만 바꾼다면 마루에 앉아 쉬어감직도 할만해 보였다. 왜 서재는 장대석으로 된 한 층짜리 높은 기단으로 쌓고, 동재는 자연석으로 약간의 마당까지 마련한 2단의 기단부로 다르게 두었는지는 모르겠지만 말이다.

문화재청에 등재된 사진 속 명륜당은 하얀 외벽에 나무색 그대로의 기둥이 있다. 그래서 오히려 동재·서재와의 이질감을 덜 하였다. 색깔 탓인가. 씁쓸하게 입맛을 다시며 대성전으로 향한다.

향교로 가는 길에 나서면서부터 파주향교 대성전에 대한 기대가 컸다. 파주향교 대성전은 1992년 경기도 문화재자료 제83호로 제정되었으며, 파주향교 복원 기록에도 1870년 현재 위치로 이전했다는 기록 외에 1971년 명륜당, 내·외삼문

을 보수하였다는 기록밖에 없기 때문이다. 제대로 된 대성전을 보겠구나 싶은 마음에 내삼문을 지나 대전을 바라보니, 아니나 다를까, 내삼문 밖 강학 공간과는 또 다른 풍경이 펼쳐진다.

장대석 기단 위로 팔작지붕을 넓게 내린 대성전이 보인다. 2단으로 올려 권위를 더한 기단과 커다랗게 얹어진 팔작지붕이 엄숙하게 건물의 목적을 말해주는 것 같다. 건물의 규모에 비해 몹시 큰 듯한 현판에 '대성전大成殿'이라는 굵고 큰 글씨가 인상적이다. 두 그루의 은행나무를 스치는 바람 소리조차 서늘하게 잦아드는 느낌이다.

동무와 서무는 아직 복원되지 않았다. 그러다 보니 일반적으로 향교에서 배향하는 공자를 비롯한 중국 5성聖과 공문 10철哲은 물론 송조 6현賢과 한국의 동방 18현 등의 많은 위패를 모두 모시기 어려운 여건이었을 것이다. 1984년 향교 유림회의에서는 송대 성리학자인 정호와 주희 두 사람의 위패를 제외한 공문 10철의 위패와 송조 4현의 위패는 묻어두기로埋安 결정했다고 한다.

전통이 중요하다지만 마구잡이로 그러모아 죄다 챙길 수는 없는 것이다. 공자께서도 마면관이라는 전통 대신 검소한 생실관을 선택하셨지 않나. 전통의 형식보다 전통의 정신이 중요하다고 유학은 가르친다. 그러니 그렇다고 구색만 낼 바에야 비워두는 것이 나을지도 모르겠다. 옹색하고 기이한 명륜관 대신 말이다.

장릉 이전과 더불어 옮겨진,
교하향교

파주의 향교들을 둘러보는 이 길의 마지막 목적지는 현 파주시청 건너편에 있는 교하향교다. 교하향교는 1407년 창건되었다. 파주향교와는 약 100여 년의 시간 차이가 있다. 그런데 원래 교하향교는 이곳에 위치하지 않았다. 교하향교는 원래 지금의 장릉 자리 부근인 탄현면 갈현리에 처음 지어졌었다.

그런데 1731년 오랜 기간 논란이 되었던 인조仁祖의 장릉張陵 이전이 결정되면서 교하향교도 옮기게 되었다. 왕릉이 들어오면서 교하향교는 원래 있던 곳에서 철거되고 지금의 자리로 이전하게 되었다. 1971년과 1973년 대성전과 주변을 중수·보수하였고, 1981년에는 내삼문 안을 넓히기 위해 명륜당을 옮겨 세웠다.

교하향교 역시 명륜당을 앞에 두고 대성전과 동무·서무를 뒤에 둔 전학후묘의 전형적인 구조를 따르고 있다. 홍살문은 전방에 도로가 나면서 외삼문 가까이 방향을 틀어 옮겨 세웠다고 한다. 교하향교의 외삼문은 솟을지붕이 아닌 평범한 맞배지붕을 올려두었다. 다른 두 곳의 외삼문이 권위를 강조해 솟을지붕을 얹은

교하향교 대성전(ⓒ 문화재청)

것과는 다른 형태라 독특함이 느껴진다.

안으로 들어가면 거대한 은행나무와 명륜당이 있다. 이곳 교하향교는 마치 사찰 같은 느낌을 주는데, 붉게 칠해진 외벽의 영향 때문인 것 같다. 내삼문 역시 평범한 맞배지붕이다. 내삼문 뒤로 대성전, 동무, 서무가 갖추어져 있다. 장소가 협소한 탓인지 동무와 서무를 대성전 바로 양옆으로 둔 배치가 독특하다. 게다가 동무와 서무는 사당이라고 하기에는 그저 석벽에 맨 돌을 드러낸 것이어서 특이하기까지 하다.

교하는 조선 시대 내내 교하현이 되었다가 교하군으로 격상되기도 하였했다. 한때는 원평도호부에 속하기도 했다가 파주목에 부속되기도 하는 등 여러 부침을 겪어왔다. 하지만 교하군은 아무리 격상되더라도 파주목에 비해서는 한두 단계가 낮은 지역이었다. 그래서인지 향교의 크기도 조금 작다.

하지만 외삼문과 내삼문으로 구분하고 동무와 서무 역시 갖추고 있는 등 적성향교보다는 규모가 있는 편이다. 또한 다른 향교와 달리 도심 한가운데 있어 오히려 이채롭다. 꽤 큼직한 은행나무가 있는 것도 매력이다. 공자께서 제자들을 행단杏壇에서 가르치셨다는 기록 뒤로 향교와 서원에는 종종 은행을 심어둔다.

이처럼 파주의 향교들은 서로 다른 구조, 제각각의 역사를 지니고 있다. 이런

교하향교 전경(ⓒ 문화재청)

교하향교 동재(© 문화재청)

저런 건물들이 흩어져 있는 일군의 '옛 유적'으로 보이기 쉽지만, 하나하나 뜯어보면 각각이 고유한 독특성을 보여주고 있다.

"오래 보아야 예쁘다, 너도 그렇다"라는 시가 유행하였던 때가 있었다. 스쳐볼 때보다 오래 볼 때, 구석구석이 더 잘 보이고, 궁금해지고, 알아보게 되고. 비로소 재미가 더 생기는 것은 맞는 말 같다. 이런 나무 하나도 의미를 읽으면 재미가 있는 것처럼.

'향교 편'을 마치며

파주에는 향교도 많지만 서원도 많다. 모두 조선 성리학의 흔적들이다.

연천에서 넘어오자마자 조금만 가면 적성향교가 있다. 그리고 율곡과 함께 기호학파畿湖學派의 중심이 되었던 우계 성혼의 일가를 모신 파산서원과 율곡이 임진왜란 때 선조의 피난을 예측해 기름을 발라두었던 화석정이 있다. 화석정을 지나 문산역을 향하면 여기서부터 1번 국도인 통일로다.

통일공원을 지나면 파주에서 처음으로 지어진 파주향교가 눈에 들어온다. 파주향교 뒤로는 우계 성혼 선생의 기념관이 있고, 그 길 건너 조금 떨어진 곳에 율곡 선생의 유적지와 율곡 선생을 모신 자운서원이 있다. 파주향교에서 파주역을 지나 서울로 내려오는 길에도 서원과 향교는 이어진다. 월롱산의 용주서원과 파주시청 옆 교하향교. 지금은 흔적만 남아있는 신곡서원이 그것이다.

화석정에서 임진강을 건너갈 수도, 볼 수도 없는 민통선 안 어딘가 장단향교도 빠뜨릴 수 없다. 이 길은 두 갈래로 서로 맞물리며 이어진다.

이 글은 적성향교에서 화석정을 지나 파주향교, 교하향교로 이어지는 '향교 편'이었다. 그리고 다른 하나의 길은 파산서원과 자운서원, 율곡 선생 유적지와 우계 성혼 기념관을 지나 용주서원으로 넘어가는 '서원 편'이다.

향교와 서원

향교와 서원은 성리학을 통치이념으로 삼았던 조선에서 성리학의 이념을 지방에 전파·발전·정착시키는 것을 목적으로 한 교육기관이었다. 그러나 그와 동시에 위 대한 유학자를 위해 제사 지내는 제향과 지역민의 유교 정신을 배양하는 교화의 목적도 함께 가지고 있었다. 향교와 서원의 가장 결정적인 차이점은 건립 주체가 어디인가다. 향교는 국가에서 지방에 세운 공립 교육 기관이지만, 서원은 특정 학 자나 학파의 문인들이 중심이 되어 세운 사립 교육기관이다.

관학 기관인 향교의 제향 공간은 '대성전'과 '동무', '서무'다. 이곳에서는 일반 적으로 공자와 그 제자들, 성리학을 완성한 주희와 북송 5자, 그리고 조선 성리학 의 도통을 이어온 동방 18현의 위패를 모신다. 반면, 특정 학자의 문인들이 건립 한 서원은 자신들이 존숭하는 스승과 그 학맥을 잇는 이들의 위패를 모신다는 차 이가 있다.

향교는 고려─조선 시기 동안 지방 교육을 담당했던 국립 유학교육 기관이 다. 향교의 유래에 대해서는 여러 이견이 있다. 그러나 적어도 고려 인종 5년인 1127년, 여러 주州에 대대적으로 학교를 세우도록 했던 때를 향교의 성립기로 보 는 데는 무리가 없을 것이다.

유학은 삼국시대부터 중앙교육이념이었는데, 고려 인종 대에 이르러 중앙으 로부터 전국으로 유학 교육기관의 확대가 이루어졌다. 이어 성리학을 국가이념으 로 채택한 조선 시대에는 전국적으로 향교의 기능과 역할이 확대되었다.

유교 이념의 확장을 목표로 한 향교는 선현에 대한 '제향'과 후학에 대한 '강 학'을 주요 기능으로 삼았다. 이에 따라 그 구조 역시 제향을 위한 공간과 강학을 위한 공간, 그리고 드물게 이를 준비하고 보조하기 위한 공간으로 구성되었다. 제향 공간에는 대성전과 동무·서무를, 강학 공간에는 명륜당과 기숙사인 동재·서재를 두는 것이 보통이다.

향교의 바깥문은 외삼문이라 하고, 향교 내부에서 제향 공간과 강학 공간을 나누는 문을 내삼문이라 한다. 내삼문이 대성전 등 제향 공간의 정문 역할을 하는 경우는 특별히 신삼문이라 부르기도 하는데, 신神이 드나드는 문이라는 의미다.

제향 공간을 뒤에 두고 강학 공간을 앞에 둔 것이 일반적이며 이를 전학후묘의 구조라고 부른다. 앞에前 강학 공간學, 뒤에後 묘실廟을 두었다는 의미이다. 반대로 제향 공간을 앞에 둔 경우는 전묘후학이라고 하여 구분한다.

향교에는 주로 은행나무를 많이 심는데, 이는 공자가 그 고향에서 제자들을 가르칠 때 외부수업을 진행하던 곳이 은행나무(살구나무라고도 함) 단 아래여서라는 말이 있다. 다른 설에 따르면, 제자들이 공자에게 배운 것을 기념해 강론하던 곳에 은행나무를 심고 주위에 단을 쌓은 까닭이라는 말도 있다. 외삼문 바깥쪽으로 홍살문과 하마비가 있는 곳도 많다.

홍살문은 그 문 너머 시설이 매우 중요한 곳 혹은 종교적으로 성스러운 곳임을 알려준다. 하마비는 말에서 내려 그 비석 뒤 영역의 주인에게 예를 갖추라는 표시다. 향교의 경우 당연히 공자 등 성현을 모신 대성전이 있기 때문이다.

대성전에는 공자, 안회, 증자, 자사, 맹자 등 중국 5성聖을, 동무東廡와 서무西廡에는 공문 10철과 주희를 위시한 송조 6현, 그리고 신라 시대 때부터 우리나라의 유학이념 발전에 공이 있는 동방 18현의 위패를 모시고 있다.

동무·서무에 모셔진 동방 18현은 설총, 최치원, 안향, 정몽주, 김굉필, 정여창, 조광조, 이언적, 이황, 김인후, 이이, 성혼, 김장생, 조헌, 김집, 송시열, 송준길, 박세채다. 설총과 최치원은 신라 시대 유명한 학자이고, 안향과 정몽주는 고려 시대의 대학자다. 김굉필 이하는 조선조의 유학자들이다.

안향은 고려 말 원나라에 가 『주자전서朱子全書』를 필사하고 공자와 주자의 초상을 가지고 돌아왔다. 주자의 호는 회암晦庵인데, 안향은 회암이 머무는 곳이라는 의미로 자신의 호를 회헌晦軒이라고 짓기도 하였다.

정몽주는 조선의 개국공신인 정도전, 권근 등과 함께 이색의 문인이었다. 정몽주는 태종 이방원과 어릴 적 함께 공부하기도 하였으나 조선 개국에 반대해 순절하였다. 정몽주 이후 박세채까지는 이른바 도학자道學者, 즉 철저한 성리학적 전통을 이어간 대학자들이라 여겨진다. 마지막 인물인 박세채는 1695년에 죽었다. 박세채는 1764년 영조에 의해 성균관 문묘에 종사 되었다.

이렇게 향교는 처음부터 끝까지 유교 이념의 지역거점 역할을 충실히 수행하는 기관이었다. 그러나 점차 사립 교육기관인 서원이 늘어가고, 서원을 중심으로 학파와 그로부터 파생된 붕당의 계보주의가 횡행하게 되면서 향교는 서원에게 그 위상을 조금씩 빼앗기게 된다.

06

성리학의 나라 조선에서 기호학파의 중심지였던

파주 2

서원 편

| 파산서원 – 자운서원 – 용주서원 – 신곡서원지

우계 성혼의 제자들이 세운, 파산서원
율곡 이이의 제자들이 세운 서원, 자운서원
파주사현은 어디에 모실까?
사라진 서원들, 용주서원과 신곡서원지

_____ 성리학의 나라, 조선에서 '서원書院'의 역사가 본격적으로 시작된 것은 중종(재위 1506~1544)의 개혁정치가 실패하면서였다.

_____ 1519년 궁궐 안뜰에서 글씨가 새겨진 나뭇잎이 발견되었다. 연산군에 이어 왕위에 오른 중종은 사림파를 대거 등용함으로써 훈구파를 억제하려 했지만, 이번에는 너무 강해진 사림파가 골치를 썩였다. 역전의 기회를 노리던 훈구파는 궁궐의 후궁들과 짜고 나뭇잎에 꿀을 발라 글씨를 새긴 것이다.

_____ '주초위왕走肖爲王', '주'와 '초'로 파자 된 글자를 합치면 조趙가 된다. 바로 조씨가 왕이 되리라는 예언이다. 이 거짓 예언은 정확하게 조광조를 죽게 했다. 개혁의 선두이자 중심이었던 조광조의 죽음은 사림파의 정치적 입지를 어렵게 만들었다. 많은 사림파 학자들이 지방 한직이나 교육직으로 물러나 머물렀고, 더 많은 학자가 지방에 은거하여 학문과 후학양성에만 몰두하였다.

_____ 1542년 처음으로 백운동서원이 세워졌다. 지금 이름은 소수서원. 그 뒤로 많은 서원이 전국 각지에 세워졌다. 파주도 마찬가지다.

_____ 청송聽松 성수침成守琛(1493~1564)과 휴암休菴 백인걸白仁傑(1497~1579)은 각각 1541년과 1571년 파주에 들어왔다. 이 두 사람과 성수침의 아들 성혼, 그리고 율곡 이이(1536~1584) 등을 합쳐 '파주사현坡州四賢'이라고 한다. 성혼(1535~1598)과 이이의 제자들은 각각 파산서원과 자운서원을 지어 파주사현의 위패를 모셔두고 선대와 선배의 유지를 잇고자 하였다.

우계 성혼의 제자들이 세운,

파산서원

파산서원에는 성수침과 그의 동생 성수종, 아들 성혼, 그리고 휴암 백인걸을 배향하고 있다. 성혼의 문인이 많았던 만큼 파산서원은 비교적 일찍부터 건립에 대한 논의가 있었고, 그 규모도 상당했던 것으로 전해진다. 이와 달리 율곡 이이 를 모셨던 자운서원은 쇠락이 심했다. 그래서 율곡 이이의 문인 송시열은 훗날 이 렇게 탄식했다.

> "파산 쪽은 번성한 후손이 돌보고 있어 더 보탤 것이 없으나 자운 쪽은
> 무덤마저 황폐하여 처량하기 짝이 없구나. 입만 열면 선생을 높인다고
> 하면서 이런 일은 모르는 체하다니 부끄럽지 않은가."

오른쪽의 홍살문과 하마비 뒤에 있는 것이 성수침, 성수종, 성혼, 백인걸을 배 향하는 파산서원의 사묘祠廟다. 파산서원의 건립은 율곡 이이가 처음으로 시도하 였다. 성수침의 시문집 『청송집聽松集』에 따르면, 1567년 이이는 청송 성수침의 학덕을 기리고 제향하기 위한 서원 건립을 발의하였으나 영건은 지지부진하게 진행되었고, 위판을 봉안하기도 전에 임진왜란이 터져버렸다. 임진왜란의 발발은 1592년이니 무려 25년간 공사가 늦어진 것이다.

임진왜란이 지나고 나서도 건립은 더디게 진행되었다. 1584년 이이가 죽고 1598년 성혼이 죽었다. 하지만 파산서원이 세워지고 성혼의 위패가 봉안된 것은 성혼이 죽은 지 30년이 지난 1628년에서야 비로소 가능했고, 사액賜額을 받은 것 은 그보다도 뒤인 1650년이다. 이이가 서원 건립을 말한 뒤로 무려 60여 년이 지 난 뒤였다.

파산서원

파산서원 현판

그 이유는 무엇일까? 서원을 하나 세우는 것은 단순히 건물 몇 채를 세우는 일에 그치지 않는다. 지속적인 물질적 후원이 약속되어야 하기에 지방 수령들의 지원이 매우 중요했을 것이다. 조선 최초의 사액서원인 소수서원(백운동서원)을 일으킨 주세붕과 이황 역시 해당 지역인 풍기에 군수로 부임하였던 동안 이를 건립하였다. 이에 비춰볼 때, 파산서원이 늦게 건립된 것은, 파주의 지방관들이 그다지 열정적이지 않았거나 당시 파주 재정이 충분하지 못했던 것일지도 모른다.

16세기에 들어 조선 정계에서는 사림의 세력이 급격히 강해지고 있었다. 사림은 절의節義를 매우 중요하게 생각했고 올바른 것正과 사특한 것邪의 구분에 매우 열정적이었다. 그들의 비판의식은 같은 사림 내부로도 향하였다.

이른바 붕당은 선조 대에 들어서면 더욱 두드러지기 시작하였다. 김효원을 중심으로 한 동인東人 계열과 심의겸을 중심으로 한 서인西人 계열의 다툼은 날로 심해지고 있었다. 탕평을 주장했던 율곡과 우계는 열세였던 서인 쪽에 가까웠다. 실제로 파산서원이 세워질 수 있었던 1628년은 인조반정으로 서인이 정권을 잡은 뒤이기도 했으니, 이러한 추측이 전혀 틀리진 않는다.

왼쪽의 두 건물은 '찰륜당察倫堂'이라는 이름의 재실齋室과 '경현단景賢壇'이라는 이름의 제단이다. 찰륜당이라는 이름은 우계 성혼의 문인 강항의 문집인 『수은집睡隱集』에 실린 「파산사현 서원 찰륜당 상량문」이라는 글에서 볼 수 있다. 파산서

—
은행나무가 고목이 되어 서 있는 파산서원

원이 세워지고 성혼의 위패가 봉안된 것이 1628년인데, 강항은 1618년에 죽었
으니 찰륜당은 그 전에 지어졌을 것이다.

　　현재의 찰륜당 현판에는 '단기 4333년 준공', 곧 서기 2000년에 지었다고 명
시되어 있다. 한국전쟁으로 다시 소실된 파산서원의 사당 건물을 복원한 것이
1966년이니, 계속해서 복원이 이어진 셈이다.

율곡 이이의 제자들이 세운 서원,
자운서원

한적하고 조용한 파산서원과 달리 자운서원은 조금 더 시내 가까이에 있는 데다가 주변에 율곡 유적지와 성혼기념관이 같이 있어 훨씬 잘 꾸며진 느낌이다. 그리고 아무래도 성혼보다는 율곡이 더 유명하지 않은가. 신사임당과 함께 지폐에도 모자가 나란히 초상을 올렸으니 말이다.

부지가 8만 평이라고 하니 과연 국가지정문화재라 하겠다. 낮고 넓게 얹어진 팔작지붕 아래 '율곡선생유적지'라고 쓰인 한글 현판이 이채롭다. 안으로 들어가면 육각으로 지어진 2층짜리 '율곡기념관'이 있다.

자운서원은 대원군의 서원철폐령으로 1868년에 철폐되었다. 이후 1970년과 1973년 다시 짓고 꾸몄다고 한다. 복원된 건물은 조악하지만, 옛 느낌을 살리기 위한 노력이 보였다. 율곡기념관의 외관에서 서울 어린이대공원의 어린이회관이 떠오른다. 이런 양식이 유행했던 때가 있었다.

자운서원은 이이의 위패를 모신 문성사를 뒤에 두고 강학을 위한 강인당을 앞에 둔 전학후묘 형태로 복원되어 있다. 향교로 치자면 명륜당 격인 '강인당講仁堂'

자운서원 강인당

—
자운서원의 정문 자운문

양옆으로는 마찬가지로 동재·서재 격인 입지재와 수양재가 함께 있어 한결 당당한 모양이다.

파산서원에는 '인륜을 살핀다紫倫' 하여 '찰륜당'을, 이곳 자운서원에서는 '인을 강론한다講仁'라고 하여 '강인당'을 세운 것이다. 윤리 도덕을 함양함으로써 훌륭한 정치가 이뤄질 것이라 믿었던 유학자들의 사고방식답다.

이곳은 사묘만 남은 파산서원과 달리 제대로 꾸며져 있다. 솟을지붕을 얹은 데다 그 자체가 꽤 높은 계단 위에 있어, 자운서원의 외삼문인 '자운문'은 약간 과장되게 격식을 높인 듯한 느낌도 있다. 하지만 율곡 이이의 사상적·역사적 명성과 중요도를 생각하면 그럼직하다는 생각도 든다.

내삼문 뒤 문성사 건물의 문이 활짝 열려 있었다. 그 안으로 율곡 이이의 영정

—
자운서원 율곡 이이의 초상이 보인다.

과 위패가 보인다. 이제껏 향교와 서원을 찾아다녔지만 이렇게 사당 건물의 문을 열어둔 곳은 없었다. 대중을 위해 공개된 공적 공간임이 다시 한번 느껴진다.

일반적으로 향교나 서원의 경우 강학 공간은 팔작지붕의 강당으로 짓고, 제향 공간은 맞배지붕에 붉은 풍판을 단 전당으로 짓는다. 앞에 퇴칸을 두는 것이 제사를 지내기에 쉽기 때문이다. 그런데 자운서원은 강학을 위한 건물인 강인당을 맞배지붕과 붉은 풍판으로 지어두고, 뒤의 문성사에 팔작지붕을 올리고 앞에 퇴칸을 두는 배치를 택했다. 독특한 느낌이다.

입지재 우측 구석의 작은 현판이 눈길을 끌었다. '신사임당영당申師任堂影堂', 자칫 그냥 지나칠 뻔했다. 닫힌 문은 잠겨있지 않았다. 문을 열어 보니 신사임당의 영당이 꾸며져 있다. 문성사에 함께 봉안할 수 없었던 탓이리라. 그래도 이렇게 서원 안에 영당이 마련되어 있는 것이 내심 다행한 일로 여겨졌다.

파주사현은 어디에 모실까?

문성사 안에는 율곡 이이의 위패와 함께 그의 문인인 김장생, 박세채의 위패가 양옆에 봉안되어 있다. 파산서원에 봉안된 위패는 성수침, 성수종, 성혼, 백인걸의 것이다. 여기에는 그럴만한 사정이 있다.

원래 파주에 처음으로 건립하려 했던 서원은 파산서원이다. 파산서원은 성수침과 백인걸을 배향하기 위한 목적으로 건립을 발의하였는데, 최초 발의로부터 60여 년이나 지나서야 세워지게 되었다.

이이와 성혼은 각별한 사이였다. 친분뿐 아니라 학문적 관계도 그러했다. 이이와 성혼 모두에게 배운 문인이 많다는 것이 그 증명이다. 문인들은 성수침, 백인걸, 이이, 성혼을 아울러 파주사현이라 일컬으며 존숭하였다. 1610년, 남인들은 김굉필, 정여창, 조광조, 이언적에 이황을 포함해 5현의 문묘종사文廟從祀를 설득해냈다. 북인들 역시 남명 조식과 화담 서경덕의 문묘종사를 추진하고 있었다. 서인들 역시 이에 대항해 이이와 성혼을 내세웠다. 이를 위해서는 우선 문인들을 결집하고 서원부터 세워야 했다. 자운서원의 건립은 이런 맥락 속에 실현되었다. 1615년, 율곡을 제향하기 위한 자운서원이 건립되었다.

임진왜란을 거치며 왜와의 강화에 찬성했던 우계 성혼에 대한 비판 여론은 성혼의 제향에 걸림돌이 되고 있었다. 게다가 서원은 단지 제향을 하는 공간에 그치는 것이 아니었다. 복원된 자운서원에서 볼 수 있듯이 엄연히 강학이라는 목적이 함께 있는 공간이었다. 성혼과 이이는 함께 배운 문인도 많은 만큼 어찌어찌 함께 봉안할 수 있지만, 성수침과 백인걸에 대한 의견은 달랐다. 성혼은 성수침의 아들로 백인걸에게 배운 적이 있었지만, 이이는 아니었기 때문이다.

이런 상황 속에서 이이의 위패를 따로 모시자는 의견이 대두되었고, 이는 성혼에 대한 비판 여론과 무관하게 추진할 수 있는 것이었다. 결국 김장생 등 이이의 직계 문인들을 중심으로 자운서원이 먼저 세워지게 되었다.

이이를 위한 서원이 세워지면서 성혼을 위한 서원 건립도 바빠졌다. 1628년 드디어 파산서원이 세워졌는데, 이제는 백인걸이 문제가 되었다. 서원의 건립과 운영이 문인들과 후손들에게 대부분 맡겨진 만큼 성혼과 성수침을 함께 봉안하는 것은 문제가 아니었지만, 백인걸은 경우가 달랐다.

파산서원이 건립되면서 파주사현을 함께 봉안한다는 명분도 사라졌다. 더 중요한 문제는, 자운서원과 달리 파산서원은 성혼을 중심에 두지 않게 된다는 의견이 제기된 것이다. 이이가 죽고 난 후, 성혼은 기호학파의 중심인물 역할을 하였는데, 이렇게 되면 성혼만을 위한 서원은 아니기 때문이다. 훗날 송시열, 윤선거, 윤증 등이 파산서원과 자운서원의 통합에 대한 논의를 거듭한 끝에 절충안을 마련하였지만, 박세채의 반박으로 통합은 실현되지 못한다.

서원은 스승을 모시고 그 문인들이 학문을 이어가는 장소다. 이 말은 서원이 곧 한 학파의 결속을 다지는 중심공간의 기능을 하고 있다는 뜻이다. 자운서원과 파산서원의 통합은 실패로 돌아갔다. 서인의 분파인 노론과 소론의 중심인물이, 각각 이이의 직계를 자임했던 우암 송시열과 성혼의 외증손인 윤증인 것은 어쩌면 이미 예견된 일이었는지 모른다.

사라진 서원들,
용주서원과 신곡서원지

파주 '서원길'의 마지막은 용주서원과 신곡서원지다. 용주서원은 1598년, 휴암 백인걸의 위패를 봉안하기 위해 창건된 사우祠宇에 연원을 두고 있다. 파산서원 건립의 지지부진한 경과와 자운서원의 건립, 두 서원의 통합논의 등에 휴암 백

용주서원

용주서원 정륜당

인걸의 이름은 끊임없이 등장한다.

하지만 용주서원에 관한 이야기는 없다. 왜냐하면 유생 정재심이 사액賜額을 신청하였다가 거부당하고 철폐되어 유허비遺墟碑만 남아있던 것을 1924년 유생들이 다시 모여 서원으로 복원한 것이기 때문이다.

한편 신곡서원은 윤선거를 배향하기 위해 1683년 창건되어 1695년 사액을 받았다. 서원은 왕으로부터 사액을 받았는가에 따라 그 위상이 달라진다. 그런데 조선 후기로 가면서 사림의 힘이 강해짐에 따라 사액서원조차도 너무 많아지는 폐단이 생기게 되었다.

'소수서원'이 어필 현판을 받아 사액서원의 효시가 된 1550년으로부터 명종 때까지, 서원의 숫자는 전국에 열아홉 곳. 사액서원은 네 곳에 불과했다. 이후 서원의 건립과 사액은 지속해서 늘어났는데, 약 100년 남짓 후인 숙종 때에는 서원을 함부로 지어 전국적으로 무려 131개의 사액서원을 비롯해 909개의 서원·사우가 있는 지경에 이르렀다.

영조는 1741년 대대적인 서원철폐를 단행하여 약 200여 곳의 서원을 정리했지만, 문제는 여전히 남아있었다. 결국 1864년 흥선대원군은 '1인 1서원 배향' 원칙을 세우고 47개의 서원만을 남긴 채 일제히 철거해버렸다. 파산서원은 이때 남겨진 47개의 서원 중 하나다. 이때 자운서원도, 신곡서원도 철폐되었다.

신곡서원터임을 알려주는 느티나무

이이를 모셨던 자운서원은 1970년 복원되었지만, 윤선거를 모셨던 신곡서원의 자리에는 초등학교가 들어서 있다. 비록 신곡서원의 모습은 볼 수 없었지만, 학문연마라는 서원의 본래 목적을 돌이켜보니, 그 자리에 초등학교를 세운 것도 의미 있게 느껴졌다.

파주사현의 시작, 성수침

파주 유학자에는 성수침과 백인걸이 포함된다. 그런데 아무래도 우계 성혼이나 율곡 이이보다는 덜 알려진 것이 사실이다. 덜 알려진 것으로 하면 파주의 향교와 서원 모두도 마찬가지로 그 역사와 위광에 비해 과소평가되어 있다. 그러나 파주의 향교와 서원이 조선 유학사의 중요한 역할을 하였던 곳인 것처럼, 성수침과 백인걸의 몫도 전혀 작지 않았다. 그래서 여기서는 '덜' 알려진 두 분에 대해 조금 '더' 설명해볼까 한다.

청송 성수침은 1493년에 태어났다. 조광조의 문인으로 1519년 현량과에 천거되어 관직 생활을 시작할 무렵 기묘사화가 일어났다. 성수침은 이때부터 관직 생활을 포기하고 경서 공부에 매진하였다. 1541년 그의 학문을 인정받아 후릉참봉이라는 벼슬에 임명되었으나 사양하고 이곳 파주 우계로 들어왔다.

이후 학문과 후학 양성에 전념하였는데, 훗날 기호학파를 형성한 성혼이 그의 아들이자 제자였다. 성수침이 이곳에 온 것은 선대로부터 파주에 선산이 있었던 까닭도 있지만, 그의 처가가 바로 파주읍 향양리 우계였기 때문으로 전해진다. 성수침의 아내는 다섯 명의 왕비와 수많은 고관대작을 배출했던 명문인 파평 윤씨로, 파주는 파평 윤씨의 세거지였다. 성수침의 아들 성혼의 호인 '우계牛溪'도 이곳의 지명에서 따온 것이다.

휴암 백인걸은 1497년에 태어났다. 그 역시 조광조의 문인이다. 1519년 기묘사화로 20대 초반이었던 백인걸은 금강산으로 숨어버린다. 그러나 그는 성수침과는 달리 30대 중반부터 관직 생활을 시작, 관직과 유배, 은거와 복귀를 반복하며 말년까지 정치에 관계하였다. 그가 파주에 들어온 것은 1571년, 그의 나이 75

세 때다.

그의 외갓집이 교하 만우리였고, 후처인 순흥 안씨의 처가 역시 이곳의 유지였기에 그가 말년을 파주에서 보낸 것은 쉽게 이해할 수 있다. 백인걸은 한참 어린 성혼, 이이와도 함께 학문을 익히고 토론할 정도로 학문적 열정이 뛰어난 인물이었다.

07

전쟁이 끝난 곳에
남은 풍경들,
그곳에서 찾은 치유의 길

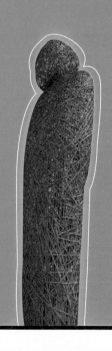

| 장준하 공원 – 오두산 통일전망대 – 임진각 평화누리공원 망배단 – 임진강 철교 – 자유의 다리 – 임진강 독개다리 – 평화의 발 – 경의선 장단역 증기기관차 – 파주 임진각 – 임진각 평화누리공원

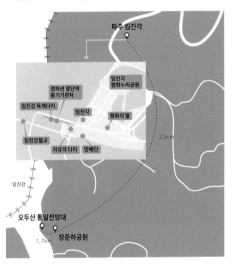

독재와 싸웠던 실천적 구도자, 장준하공원
망향의 한을 치유하다, 오두산 통일전망대
그리움은 다리가 되어, 망배단·임진강 철교
끊어진 다리의 아픔, 자유의 다리·독개다리
북으로 가는 길목의 풍경, 평화의 발
폐허의 정념, 경의선 장단역 증기기관차
적대와 상생의 갈림길, 임진각·평화누리공원
증오에서 공감으로, 권력의 해체와 치유의 힘

파주는 군사분계선(MDL)의 첫 번째 팻말이 시작되는 곳이다. 하나의 땅이었던 곳에 쇠붙이들이 늘어서면서 서로 넘어설 수 없는 경계 지대가 만들어졌다. 파주는 그 넘나듦이 허용되었던 몇 안 되는 공간 중 하나였다. 숨 가쁜 일상을 살아가는 우리에게 하나로 이어졌던 땅의 이야기, 갈라져 살아가는 분단이라는 현실은 마음에 닿지 않는 그저 그런 이야기들일 수 있다. 하지만 분단은 두 체제 간의 대립에만 머무는 것이 아니라 그곳에서 일상의 삶을 살아가는 보통 사람들에게까지 직·간접적인 상처와 아픔을 남긴다.

독재와 싸웠던 실천적 구도자,
장준하공원

북으로 향하는 파주의 길은 '자유로'다. 그런데 자유로를 타고 임진각으로 향하는 길목에는 엄혹한 유신독재 시절, 자유를 위해 투쟁했던 장준하張俊河(1918~1975) 선생을 추모하는 공원이 있다. 장준하는 식민─해방─분단으로 이어지는, 한반도에서도 가장 엄혹한 시대를 온몸으로 이겨내며 살았던 인물 중 한 사람이다.

한국광복군 시절 장준하(© 퍼블릭 도메인) 제일 오른쪽에 위치해 있다.

평안북도 의주에서 태어난 장준하는 당시 박정희의 유신정권에 맞서 반대 투쟁을 하던 중, 1975년 의문사한 민주투사다. 원래 그의 묘지는 파주 광탄면 나사렛 천주교 공동묘지에 있었다. 2012년 8월, 장준하 선생을 기억하는 사람들에 의해 이곳 추모공원으로 옮겨졌다.

그런데 이장을 진행하는 과정에서 그의 두개골에서 함몰 흔적이 발견되어 다시 한번 언론의 주목을 받았다. 1975년 경기도 포천 약사봉에서 주검으로 발견된 이후, 줄곧 그의 사망 경위를 둘러싸고 논란이 있었다. 그를 아는 많은 사람이 그의 실족사가 주변 정황들과 맞지 않을 뿐만 아니라, 갑작스러운 포천 약사봉 등반에 대해서도 의문을 제기했었다. 그런데 그의 시신에서 마치 둔기에 맞은 것처럼 보이는 두개골 함몰 흔적이 발견된 것이다.

세상을 등지기 전까지 박정희 정권의 유신독재와 싸움을 멈추지 않았던 장준

장준하공원

하지만, 아이러니하게도 그는 박정희 정권의 탄생을 알리는 5·16 군사쿠데타를 환영하였던 인물이기도 했다. 장준하는 1944년 도쿄 일본신학교 재학 중에 일본 군 학도병에 자원입대하였으나 중국 서주徐州에서 탈출했다. 그리고 6천 리 길을 걸어서 중경重慶 임시정부에 합류하였고, 그렇게 광복군이 되었다.

또한, 해방 후에는 반공주의자로서 이범석李範奭(1900~1972), 안호상安浩相 (1902~1999)과 함께 1946년 10월 9일, '국가 지상, 민족 지상'을 캐치프레이즈로 내건 조선민족청년단에 소속되어 반공주의 정치 활동을 폈다. 그러니 그의 행보 가 아이러니해 보이는 것도 당연하다.

하지만 그가 이렇게 살았던 것에는 이유가 있다. 그는 스스로 가는 길이 옳지 않다고 판단되면 언제라도 '옳음'을 위해 자신의 삶을 바꿀 수 있을 정도로 진리와 정의 앞에 겸허했다. 또한, 그것이 진리와 정의에 따르는 길이라면, 그는 어떤 권력의 압제나 폭압에도 굴복하지 않고, 진리와 정의의 길을 따라 뚜벅뚜벅 걸어갔다. 장준하의 진리와 정의에 대한 태도는 결국 그가 목숨을 내놓으면서까지 거짓과 불의에 대항해 싸우는 삶을 살게 하였다.

규모가 크지 않은 추모공원에는 장준하의 행적을 짚어볼 수 있는 비가 세워져 있다. 인생 후반부, 장준하는 한때 믿었던 박정희가 배신하자 이에 맞서 싸우는 삶을 선택하였다. 반공주의자였지만 민주주의를 염원했던 그였기에, 10월 유신은 받아들일 수 없는 배신이었다.

더욱이 유신은 남북 정상이 '자주, 평화, 민족대단결'이라는 조국 통일 3대 원칙에 최초로 합의한 '7·4 남북공동성명' 체결 이후, 이를 빌미로 하여 진행되었다. '통일'은 오히려 '반민주'적인 폭압과 '남북대결'이라는 냉전을 조장하는 명분이 되었다. 그렇기에 그것은 그 당시 정권의 거짓과 배신을 극적으로 보여준 사건이었다.

진리와 정의 앞에 겸허한 장준하로서는 그 상황을 도저히 묵과할 수 없었다. 그 후, 민족, 민주, 분단과 통일에 대한 그의 고민은 깊어졌다. 장준하에게 "통일은 처음부터 끝까지 민중의 일"이었고 "통일은 감상적 갈망이기도 하지만 우리가 하루하루 사는 생활과 직결된 것"이었다.

남북의 적대적 분단은 언제든 평범한 이들의 일상을 통제하고 억압하는 빌미가 될 수 있다는 현실에 대한 자각이 그를 남북화해의 길로 이끌었다. 풋풋한 잔디가 한들거리는 야트막한 언덕에 그의 묘소가 있다. 묘소 앞에 서니 "통일문제는 민중 스스로가 관여하고 따지고 밀고 나가야 한다"라는 그의 말이 들려오는 듯하다.

망향의 한을 치유하다,
오두산 통일전망대

장준하공원을 지나 다시 자유로를 따라 북쪽으로 달리다 보면 왼편에 불쑥 솟은 봉우리가 있다. 서울에서 가장 가까운 휴전선 전망대인 '오두산 통일전망대'다. 전망대에 오르면서 쭉 뻗은 자유로를 보면, 막다른 길에 도달할 수밖에 없다는 것을 알고 있음에도 북의 개성이나 평양에 도달할 것만 같은 착각이 든다.

오두산 통일전망대의 내부 전시는 분단이 빚어낸 사람들의 이별과 아픔, 그리고 그리움과 통일의 기대감을 표현하는 방식으로 구성되었다. 특히 2층에 있는 '그리운 내 고향'이라는 주제의 전시는 예술이 가진 치유(healing) 능력을 아낌없이 보여준다. 이곳의 벽면에는 4천여 점의 그림들이 타일 형태로 조각조각을 이어가며 붙어 있다.

이 그림 조각들은 실향민들이 그린 그림들로, 자신이 떠나온 고향에 대한 기억을 담고 있다. 전시실 안에 설치된 아날로그 TV에서는 국민동요 「고향의 봄」이 흐르고 있다.

—
오두산 통일전망대(ⓒ 파주시청)

오두산 전망대에서 본 북측(© 파주시청)

음악은 벽면 서툰 그림 속에 담긴 실향민들의 사연과 공명하면서 더 깊은 향수에 빠지게 한다.

3층 전망대에서 바라본 대각선 방향의 북쪽 땅이 개풍군이다. 날이 좋을 때는 망원경으로 개성 송악산을 볼 수 있다. 게다가 전망대 서쪽에는 한강이 흐른다. 한강 건너편에는 김포가 있고 한강과 임진강이 만나는 지점 너머로는 개풍군이 있다. 개풍군 앞쪽에는 강물이 실어다 토해낸 모래들이 넓게 삼각주를 이루고 있다.

강물은 합쳐졌다 나누어지기를 여러 차례 하다 강화도 앞으로 빠져나가는 바다에서 다시 만난다. 강은 막히면 돌아가는 길을 만들어 그렇게 기어이 바다에서 만난다. 오늘날 오두산 통일전망대에서 보는 물줄기들은 그렇게라도 남북을 이어줌으로써, 서로 분단된 채 살아가는 사람들의 아픔을 달래고 있는 듯하다.

그리움은 다리가 되어,
망배단·임진강 철교

파주에서 돌아갈 수 없는 고향 땅을 그리워하는 이들이 찾는 곳은 오두산 전망대만이 아니다. 그들은 임진각에 있는 '망배단'도 많이 찾는다. 「잃어버린 30년」이 구슬프게 들려오는 망배단은 1985년에 세워졌다.

이곳에서는 '임진강 철교'와 '자유의 다리', '임진강 독개다리'를 한꺼번에 볼 수 있다. 명절 때면 많은 실향민이 이곳을 찾아 제사를 지낸다. 이곳을 찾는 이들은 주로 황해도와 평안도 지역의 실향민들로, 생사도 알 수 없는 가족들을 그리워하는 마음을 이렇게라도 달랬다. 하지만 그런 세월도 70여 년을 훌쩍 넘어가고 있다.

망배단 뒤편, 가장 왼쪽으로 보이는 교량은 지금의 도라산역을 오가는 경의선의 '임진강 철교'로, 남북 관계의 진전과 함께 새로 만들어졌다. 전쟁 전까지만 하더라도 이곳에 경의선 철교 교량은 상행선과 하행선 두 개가 있었다. 그러나 전쟁 당시 폭격으로 부서지고 기둥만 남았다. 그것이 바로 망배단에서 보면 오른쪽에 있는 기둥만 남은 교량이다.

그런데 1953년 휴전협정이 체결되면서 끊어진 다리를 이어야 하는 상황이 발생하였다. 중국과 북측의 포로로 잡혀있던 한국군과 UN군이 임진강을 건너 남측으로 돌아와야 했기 때문이다. 그래서 서쪽 철교가 복구되었고 철교의 남쪽 끝에 임시로 목조 교량을 놓았다.

끊어진 다리의 아픔,
자유의 다리·독개다리

차량으로 경의선 철교까지 이동한 1만2,773명의 포로는, 임시로 놓인 이 다리를 걸어서 남측으로 건너왔다. 그 후, 이 다리의 이름은 '자유의 다리'라는 새로운 이름을 얻었다. 포로들이 '자유'를 찾아 돌아왔다는 의미에서 붙인 이름이다. 하지만 이 다리는 임시로 설치한 목조 다리였기 때문에 얼마 안 가서 철거되었다.

따라서 원래의 임진강 철교였던 '자유의 다리'는 다시 기둥만 남은 교량의 형태로 되돌아갔다. 대신 '자유의 다리'가 가진 의미를 살리고자 2000년도에 그 옆으로 위치를 옮겨 사람들이 지나다닐 수 있도록 '자유의 다리'라는 이름을 가진 새로운 다리를 만들었다. 망배단 앞편, 가로 방향으로 이어진 다리가 바로 그것이다.

임진강 자유의 다리

2016년에는 기둥만 남은 채, 끊어진 애초의 경의선 철교 반쪽 구간에 '임진강 독개다리'를 만들었다. 독개다리라는 이름은 자유의 다리라는 이름이 붙여지기 전 독개마을 사람들이 이용하던 다리여서 붙인 이름이다. 하지만 '임진강 독개다리'는 임진강을 완전히 건너가지 못하고 남측에서 약 1/3 지점에

복구 전 임진강 독개다리

서 멈추어 섰다. 강을 경계로 남과 북의 영역이 다르기 때문이다.

그래서 멈추어 선 끝자락에서 눈으로라도 건너편을 보기 위해 '독개다리 스카이워크'라고 하는, 특수 유리가 설치된 전망대를 만들었다. 여기서는 한국전쟁으로 파괴된 임진강 철교 기둥에 새겨진 총탄 자국들을 볼 수 있다. 전쟁이 남긴 상처다.

하지만 기둥에 남겨진 탄흔이 우리의 마음을 애잔하게 만드는 것은, 바로 그렇게 파괴된 땅이 아직도 남북으로 찢어져 있기 때문일 것이다. 분단은 단순한 국토의 분단에 머무는 것이 아니다. 그것은 사람들 사이의 분단과 이산을 만들어 놓았다. 아직도 사람들은 자신의 고향을 잊지 못해 이곳을 찾는다. 임진강의 강줄기는 지금도 북에서 출발해 남쪽으로 끊임없이 흐르고 있다. 하지만 그 강을 공유하고 삶을 나누었던 사람들은 이제 더는 함께하지 못하고 있다.

북으로 가는 길목의 풍경,
평화의 발

망배단을 나와 돌아다니다 보면 공원 여기저기에 설치된 다양한 전시물들을 만날 수 있다. 그중에서도 눈에 띄는 것은 '평화의 발'과 '장단역 기관차 화통'이다. 분단은 전쟁을 불러왔고, 전쟁은 다시 서로의 증오와 적대를 강화하였다. 휴전은 되었지만, 일상은 여전히 전쟁 중이었다.

지뢰는 이를 대표하는 무기 중의 하나다. 남북의 화력이 직접 마주하는 DMZ 접경지역에는 전쟁 전부터 살포된 지뢰뿐만 아니라, 그 이후에도 작전 계획에 따라 대량 매설된 지뢰가 곳곳에 널려 있다. 이곳에 사는 사람들은 지뢰와 함께 사는 것을 피할 수 없었다. 이는 버려진 땅을 개간한 사람이나 군인만의 문제가 아니었다. 이 지역에 사는 사람들은 전쟁 때 매설한 지뢰나 빗물에 떠내려온 지뢰

임진각 평화누리공원의 평화의 발 조각상

때문에 사고를 자주 당했다. 2015년 12월, 평화누리공원에는 '평화와 하나 됨을 향한 첫걸음—평화의 발'이라는 이름을 가진 조각상이 세워졌다.

평화의 발은 마치 잃어버린 발목을 염원하듯이, 지뢰에 의해 파괴된 발에서부터 발목 중간까지를 그대로 동상 형태로 만들어 제작한 조형물이다. 이 조형물은 애초 2015년 8월 4일 목함지뢰로 다리를 잃은 두 명의 장병을 기억하자는 뜻에서 조성되었다.

그런데 이 조각상이 세워질 때, 논란이 있었다. 사고로 발을 잃은 장병을 이곳에 데려와 기념식을 하였기 때문이다. 당시 군 관계자는 "임진각이 통일과 분단을 상징하는 곳이기 때문에 평화의 발걸음이자 북의 도발을 강조하는 형상으로 만들어진 것"이라고 발표하였다. 하지만 여기에는 병사의 아픔이 강조되기보다는 북의 도발이 강조되었다.

문제는 남이든 북이든 서로를 향해 무수히 많은 지뢰를 설치했다는 점이다. 이 적대의 공간에 설치된 살상용 지뢰는 그가 아군인지 적군인지를 구분하지 않는다. 그것은 땅에 묻히는 순간부터 피아彼我를 가리지 않고 무조건 사람들의 생명을 위협하는 공포의 무기가 된다.

폐허의 정념,
경의선 장단역 증기기관차

적과 싸우는 것은 '전쟁의 논리'이지 '평화의 논리'가 아니다. 그런데도 '전쟁의 논리'가 '평화의 논리'가 되는 곳. 바로 그것이 '분단의 현장'이다. '자유'나 '평화'라는 것을 위해 우리가 우리의 목숨을 내놓고 싸워야 하는 상황에서 우리 스스로 자유와 평화를 배반하는 역설이 작동한다.

무수한 사람들이 그렇게 전쟁의 소용돌이에 말려들었고, 전쟁의 와중에서 서로를 죽이고 죽어갔다. 전쟁은 모든 생명을 파괴하는 죽음의 영혼만을 갖고 있기에 거기에 자유와 평화가 있을 수 없다. 죽음을 불러오는 전쟁이 남긴 참혹하고도 쓸쓸한 정념을 불러일으키는 곳이 있다. 바로 임진각의 장단역 기관차 화통이다.

장단역 기관차 화통은 원래 비무장지대 안 옛 장단역 구내에 있던 것인데, 2005년 임진각으로 옮겨졌다. 그 후, 약 2년간의 보존처리를 거쳐 2009년 6월부터 임진각에 전시되고 있다. 한국전쟁 당시 UN군 군수물자를 나르기 위해 남쪽의 기관차들이 개성역 이북까지 올라갔었다. 그런데 중국군에 밀려서 장단역까지 내려온 UN군은 후퇴하면서 중국군이나 북쪽 군대가 사용하지 못하도록 이 기차를

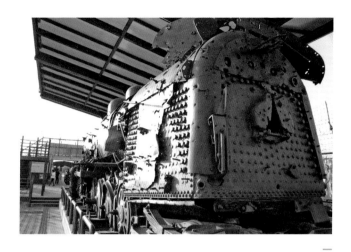

경의선 장단역 증기기관차

잔해로 남은 열차의 파편들이 전쟁이 남긴 것은 무엇인가를 생각하게 한다.

—
임진강을 지나 북으로 향하는 새로 놓인 다리와 끊어진 다리가 함께 보인다.

폭파하였다. 따라서 이 기차는 그 당시 운행되었던 마지막 기차였던 셈이다. 폭파되어 방치되었던 화통은 2004년 3월 근대 등록문화재에 등재되었다.

이 증기기관차를 마지막으로 운전했던 한준기 기관사는 그 당시 상황을 다음과 같이 회상하고 있다.

> "1950년 12월 31일 중국군의 인해전술로 한포역에서 서울로 후퇴했다. 개성역에 도착해 거기서 기차 차량을 정리해 기관차 두 대에 매달아 먼저 보냈다. 그리고 마지막으로 우리도 출발했다. 밤 10시쯤 장단역에 우리 기관차가 도착하자 미군들이 총을 쏘기 시작했다. 이미 그때 북측 군이 쓰지 못하게 모든 차량을 불태우라는 명령이 떨어졌다. 그렇게 장단역에 기관차를 버리고 우리를 태우러 온 다른 기차를 이용해 후퇴했다."

미군의 폭격으로 인해 기관차는 기차가 다니는 노선을 벗어났고, 일그러진 기차는 땅바닥 위에 멈춰 섰다. 화통의 표면에는 총탄 자국이 남았고 바퀴와 철로는 부서지고 휘어져 버렸다. 그렇게 세월이 흘렀고, 증기기관차의 화통에는 붉게 녹이 슬었다.

주변의 풀들이 자라나고 길이 15m, 높이 4m, 무게 70t의 기관차가 멈춰선 자리에는 한 그루 뽕나무가 녹슨 기차의 몸통을 뚫고 자라났다. 이 모습은 자연이 그 자신을 치유하는 힘을 가지고 있다는 것을 보여주는 것만 같다. 지금, 이 뽕나무는 기차 화통과 함께 임진각으로 옮겨져 화통의 옆자리를 지키고 서 있다.

적대와 상생의 갈림길,
임진각·평화누리공원

통상 '임진각'이라고 불리는 이곳은 분단이 남긴 기억과 감상들이 혼재되어 있다. 그 이유는 임진각이라는 공간이 지나온 역사에 있다. 임진각은 전쟁 이후 분단과 냉전의 상징과 같았던 장소다.

1972년, 실향민들의 한을 달랜다는 목적으로 임진각이 건립되었다. 군사분계선에서 7km 남짓 떨어진 곳, 맑은 날이면 임진각 전망대에서 개성 땅이 보였다. 그 때문에 많은 실향민이 이곳을 찾았다. 그러나 이곳에서는 결코 '향수' 이외의 감상은 허락될 수 없었다.

그래서 임진각 주변에 하나둘씩 만들어진 기념물들은 임진각 지역 전적비, 미 육군 제187 공수전투단

파주 임진각

임진각 바람개비(ⓒ 파주시청)

임진각 조형물(ⓒ 파주시청)

기념비, 김포국제공항 폭발사고 희생자 추모비, 미얀마 아웅산 순국 외교사절 위령탑 등과 같이 남과 북의 적대적 기억을 환기하는 것들로 채워졌다. 북녘을 향하는 이들의 마음을 북에 대한 적대적 감정으로 전화(轉化)시키고자 한 것이다.

그러던 2005년, 세계평화축전을 계기로 임진각을 다르게 만들어가자는 뜻에서 평화누리공원이 조성되기 시작하였고, 그것은 이전과 아예 다른 광경을 만들어냈다. 탁 트인 넓은 언덕에는 통일 기원 돌무지, 생명 촛불 파빌리온, 음악의 언덕, 바람의 언덕 등이 자리를 잡았다.

평화누리공원이 시작되는 통일 기원 돌무지에서 방문객은 기부하면서 평화와 소망의 메시지를 남길 수 있다. 방문객이 남긴 메시지는 돌판으로 가공되어 돌무지의 원형 기둥에 부착되고 기부금 전액은 유니세프를 통해 북녘의 어린이뿐만 아니라 세계의 어린이를 돕는 일에 쓰이고 있다. 그렇게 적대의 공간 임진각은 인류의 평화로운 미래를 꿈꾸는 공원으로 바뀌었다.

촛불과 바람개비는 평화누리의 상징이다. 바람의 언덕 위에 자리하고 있는 바람개비들은 아직은 닿지 않은 평화의 미래가 불어오길 바라는 듯 빙글빙글

임진각

임진각 평화누리공원 망배단

돌면서 방문객들의 눈길을 사로잡는다. 평화누리의 넉넉한 언덕은 이곳에 담긴 염원만큼이나 남과 북이 함께 할 수 있는 내일을 만들어 줄, 미래로 향해 열린 공간이 되었다. 그러나 2017년, 다시 임진각에는 국립 6·25전쟁 납북자기념관이 세워졌다.

증오에서 공감으로, 권력의 해체와 치유의 힘

누군가 말했다. 삶은 잔혹하다고. 하지만 진짜 우리의 삶을 잔혹하게 만드는 것은 삶 자체가 아닌지도 모른다. 미군에 의해 부서진 장단역 기관차 화통도, 고향을 갈 수 없는 실향민들의 한恨도 분단체제에서는 '적군'에 대한 공포로 전치되며 그들에 대한 증오와 적개심으로 전환된다. 그렇기에 한국전쟁과 분단에 관해서 치유를 말하는 일은 쉽지 않다.

하지만 화통 옆에서 자라는 뽕나무가 보여주듯이 자연의 모든 생명은 그 자신을 치유하는 힘을 가지고 있다. 또한, 실향민들이 그려 붙인 오두산 전망대의 타일들에는 그들의 상처를 스스로 치유하는 힘이 있다. 그래서 문제는 우리가 치유할 방법을 알고 모르는 것에 있지 않다.

문제는 우리 스스로 치유하는 방법과 길을 알고 있음에도 불구하고 그것을 허용하지 않는 권력의 메커니즘에 있다. 더 큰 권력을 원하는 자들은 우리가 겪은 고통과 아픔을 치유하고자 하지 않는다. 오히려 그들은 이런 고통과 아픔을 이용해 증오와 분노를 부추기고 이것을 통해 자신들의 권력을 강화하고자 한다.

스피노자는 폭군들이 슬픔의 정념들을 이용하여 자신의 권력을 만들어낸다고 하였다. 그리고 슬픈 정념에 사로잡혀 있는 대중들은 오히려 그것이 자신의 안전을 보장해주기라도 하듯이 권력을 신봉함으로써 자신을 노예로 전락시킨다고 말한 바 있다. 분단체제에서의 분단 기득권 세력들이 하는 일도 이와 같은 것은 아닐까 싶다.

분단과 실향의 아픔을 담은 노래 「림진강」

임진강은 남과 북을 모두 흐르는 강이면서 남과 북의 경계에 있는 강이다. 그런 이유로 임진강에는 분단과 실향의 아픈 서사가 흐른다. 남·북은 물론 일본에서도 많은 관심을 받았던 노래 「림진강」도 바로 그곳에서 탄생하였다.

「림진강」은 1957년 북에서 작곡된 노래로, 작사자는 서울 출신의 월북작가 박세영(1902~1989)이다. 1937년 시집 『산제비』를 펴낸 이후 해방까지 절필했던 그는 일제강점기 카프 문학 운동에도 참여하였고, 월북 후 북의 애국가를 작사하여 공훈예술가 칭호를 받기도 했다. 그러다 1960년대 후반, 일본 가수 'The Folk Cruasaders'가 이 노래를 번안해 불러 일본에서 큰 인기를 끌기도 했다. 노래는 임진강 건너 남쪽으로 날아가는 새를 보며 왜 남쪽 고향으로 돌아갈 수 없는지, 누가 조국을 분단했는지를 새에게 물어 고향에 관한 생각을 더 해 간다는 내용을 담고 있다.

그러나 당시 노래를 담은 앨범은 발매 중지가 되었는데, 이유는 재일조선인 단체인 조선총련 측에서 저작권 문제를 제기한 것과 동시에 일본 공안 당국의 규제 때문이었다. 북에서도 「림진강」은 "내 고향 남쪽 땅 가고파도 못 가니"라는 실향의 아픔을 담았다는 이유로 한동안 금지되었다. 한편 남에서는 북의 노래라는 이유로 오랫동안 금지곡 처분을 받았다가 민주화 이후 일본에서 활동했던 가수 김연자가 1990년대에 처음으로 TV 음악프로그램에서 부르면서 알려지기 시작하였다.

한편 2004년 개봉한 일본 영화 「박치기」(감독 이즈츠 가즈유키)에 이 노래가 OST로 들어가면서 노래에 관한 관심이 다시 한번 환기되었다. 1968년 교토를 배경으로 한 이 영화는 일본인인 주인공 마쓰야마 고스케가 조선학교 학생인 리경자를 사랑하게 되면서 벌어지는 에피소드를 다룬다. 일본 학교인 히가시고 학생들과 조선고 학생들은 연일 치고받는 싸움을 계속하는데, 주인공 고스케가 선생님의 지시에 따라 조선고에 친선 축구시합을 제안하러 갔다가 경자를 만나 첫눈에 반하게 된다. 코우스케는 경자에게 다가가기 위해 금지곡인 「림진강」을 연습하고 조선말을 배운다. 남과 북, 일본에 걸쳐 있는 한반도 분단의 아픔과 현실을 노래 「림진강」과 함께 이해해볼 수 있는 영화다.

「림진강」 – 작사 박세영, 작곡 고종한

림진강 맑은 물은 흘러 흘러 내리고
뭇 새들 자유로이 넘나들며 날건만
내 고향 남쪽 땅 가고파도 못 가니
림진강 흐름아 원한 싣고 흐르느냐

강 건너 갈밭에서 갈 새만 슬피 울고
메마른 들판에서 풀뿌리를 캐건만
협동 벌 이삭 바다 물결 우에 춤추니
림진강 흐름을 가르지는 못하리라

내 고향 남쪽 땅 가고파도 못 가니
림진강 흐름아 원한 싣고 흐르느냐
림진강 흐름을 가르지를 못 하리라

08

임진강변 생태탐방로를 걸으며 무능한 역사와 현재를 사유하다

| 파주 임진강변 생태탐방로 – 초평도 – 임진나루터 – 율
  곡습지공원 – 화석정

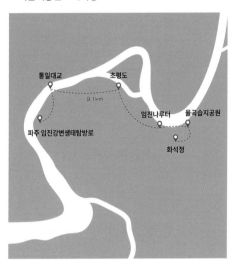

파주 임진강변 생태탐방로, 분단을 사유하는 탐방길

초평도, 경계 지대의 삶과 생태계

무능한 조선의 권력이 남은 자리, 임진나루터

율곡습지공원에서 화석정으로, 이이의 기억

_____ 임진강은 남과 북을 가로질러 흐르는 물줄기이자, 남과 북의 경계 지대에 있는 강이다. 강줄기가 흐르는 곳에는 무수한 생명체들이 깃든다. 하지만 임진강은 오래전부터 한반도의 패권을 다투는 격전지였다. 고구려, 백제, 신라의 패권 다툼이 이곳을 중심으로 전개되었고, 지금은 남과 북이 서로 대치하고 있다.

_____ 적대적 대립의 공간으로서 임진강은 오랜 시간 사람들에게 가까이에 있었지만, 마음만은 너무나 먼 곳처럼 여겨졌다. DMZ 접경지역에서 종종 전해지는 뉴스들이 대부분 남과 북의 갈등으로 인해 빚어진 사건 사고들이기 때문이다.

_____ 긴 세월 그래왔듯이 여전히 남북 관계는 부침을 거듭하고 있다. 하지만 이제 이곳은 일반 사람이 찾기에는 너무나 멀었던 금기와 공포의 공간이 아니다. 탈냉전과 함께 한반도에 찾아든 해빙의 분위기는 이곳을 적대적 대립의 공간에서 무수한 생명체들이 서로 더불어 살아가는 상생과 평화의 공간으로 서서히 바꾸어 가고 있다.

_____ 임진강은 생명의 물줄기를 제공하는 생태의 공간이기도 하다. 분단의 적대성이 억압해왔던 임진강의 참모습이 드러나고 있다. 임진강변 생태탐방로는 바로 임진강의 생명을 체험할 수 있는 길이다. 2016년 처음으로 민간인들에게 개방된 '임진강변 생태탐방로'는 임진각에서 출발해 통일대교, 초평도, 임진나루를 지나 율곡습지공원까지 이어지는 9.1km의 도보 길이다. 그런데 이 길은 하루에 150명 이내의 사람들만 이용할 수 있고, 민통선 출입 절차를 거쳐 가야 한다.

_____ 사람들의 발길이 닿지 않아 임진강 주변에는 풍부한 생태가 잘 조성되었는데, 이를 직접 보고 느낄 수 있는 탐방로로 제격이다. 또한, 이 길은 임진강 생태환경만이 아니라 강가에 남겨진 역사의 흔적들 또한 같이 짚어볼 수 있다. 그래서 인간의 역사 속에서 자연생태를 느낄 수 있는 장소이기도 하다.

파주 임진강변 생태탐방로,
분단을 사유하는 탐방길

파주지역에서 민간인출입통제선 너머에 있는 곳들을 방문하기 위해서는 임진각에 들러야 한다. '안보 관광'이라는 이름으로 진행되는 파주 비무장지대 관광의 출발지가 임진각이기 때문이다. 임진강변 생태탐방로의 출발지 역시 임진각이다.

출발지부터 도착지인 율곡습지공원까지는 성인 걸음으로 약 세 시간이 걸린다. 원래 이 길은 군의 순찰로였다. 하지만 민간인 출입을 통제하였던 이 길은 이제 '임진강을 따라 걷는 길'로 바뀌었다. 임진강을 보며 철책선이 놓인 길을 따라 걷는 이색적인 트래킹 코스가 된 것이다.

생태탐방로 6km 정도는 둑길로 평지이지만, 나머지 3km 구간은 약간 경사가 져 있는 길이다. 제법 긴 시간을 걸어야 하는 탐방은 철책이 세워진 통문을 지나면서 시작된다. 통문을 지나 얼마 걷지 않아 큰 교각이 눈에 들어온다. '통일대교'다.

임진각에서 버스를 타고 출발하는 다른 관광코스는 통일대교에서 출입 절차

임진강변 생태탐방로 경로

를 한 번 더 거쳐야 한다. 판문점으로 들어가는 것 역시 마찬가지다. 1998년, 남북교류가 시작되면서 놓인 통일대교는 교량이 놓인 바로 다음 날 고故 정주영 현대그룹 회장이 소 떼를 몰고 북으로 갔던 역사를 간직하고 있는 곳이다.

전쟁이 끝난 후, 남과 북 사이를 연결하면서 임진강을 건너 이동할 수 있는 다리들도 사라졌다. 그나마 남은 다리들조차 기둥만 있거나, 사용할 수 없을 정도로 훼손된 상태였다. 그래서 남북교류가 시작되면서 실제로 오고 갈 수 있는 길을 만들기 위해 통일대교와 임진강 철교를 다시 놓았다. 전남 목포에서 시작해서 평북 신의주까지 이어지는 1번 국도는 통일대교가 놓이면서 끊어졌던 길을 다시 이었다.

그렇게 2000년 남북정상회담 이후로 통일대교는 남과 북이 서로 만나기 위해 넘나드는 '가교架橋' 노릇을 톡톡히 하였다. 맑은 날이면 생태탐방로에서는 통일대교 너머로 개성 송악산 자락이 희미하게 보인다. 탐방로에 여전히 남아 있는 철책선이 아직 해결되지 못한 분단의 현실을 상기시킨다.

하지만 다리를 넘어 저곳 개성 땅까지 가는 날은 언제쯤일까 하는 상상은 과거에는 꿈조차 꿀 수 없었던 일이다. 그러나 지금 우리는 그것을 상상한다. 그만큼 평화는 서로를 이어주는 힘이 되고 있다.

초평도,
경계 지대의 삶과 생태계

철책선을 따라 걷는 길은 곧 임진강을 따라 걷는 길이며, 이 길은 바다와 가까운 하류 쪽에서 내륙의 상류 쪽으로 향하고 있다. 임진강은 함경남도 마식령산맥에서 발원하여 남쪽으로 흘러 한강과 만나 서해로 흐르는 강이다.

이 강은 북쪽에서는 아홉 번째로 넓은 지역을 차지하는 강이다. 강의 전체 면적 중 남쪽에는 약 3,008㎢의 구간을 흐르고, 북쪽에는 약 5,108.8㎢를 흐르고 있다. 남쪽의 DMZ 접경지역인 철원과 연천, 파주는 모두 임진강 수계에 속하는 지역이다.

근대 이전까지 사람들의 생활권은 대부분 강의 권역을 중심으로 묶여있었다. 농사 때문이기도 하지만 물길을 통해 물자를 옮기고 세금을 걷기도 했기 때문이다. 과거 경계를 나누었던 것은 산과 물줄기 같은 자연 지형이었다. 하지만 분단은 이와 다르다. 그것은 산과 강줄기를 완전히 무시하고 자연생태조차 강제로 절단한다.

그러나 '생태生態(ecology)'는, 다양한 생명체들이 복잡하게 뒤엉켜 서로 영향을 주고받으면서 존재하는 관계망이다. 그래서 인위적인 절단에도 불구하고 서로를 연결하며 독특한 관계망을 만들어 낸다.

초평도는 임진강의 하중도河中島다. 하중도는 말 그대로, 한강의 여의도나 밤섬처럼, 흐르는 강 중간에 만들어진 섬이다. 초평도는 섬 전체가 민통선 북쪽에 속해 있어서 사람들이 자유롭게 오갈 수는 없는 곳이다. 지금은 무인도가 되었지만, 전쟁 전 이 섬에는 농사짓는 사람들이 살았다고 한다. 해마다 장마철이면 섬의 낮은 지대가 물에 잠겨 뭍에 사는 이들에게 구조를 요청하기도 했다. 하지만 기어이 이 섬에서 살기를 택한 사람들은 그 땅에서 쌀농사는 물론이고 수박이나 참외 등을 키웠다.

그러나 휴전협정 이후, 이곳이 군 관리 지역이 되면서 여기 살던 이들은 뭍으로 이주해야 했다. 사람이 살지 않는 지금, 초평도에는 동물과 식물들이 살고 있다. 철마다 보이는 종種이 다르긴 하지만 두루미, 흰꼬리수리, 말똥가리, 왜가리나 독수리 등은 생태탐방로에서도 꽤 가까이 보일 정도로 날아다닌다.

'천혜의 습지'라고도 불리는 초평도에는 습지에서 자라는 신나무나 오리나무

초평도

와 같은 것들도 자란다. 그래서 사람들은 이곳을 사람의 손이 타지 않은 청정 생태 지역이라고 생각하는 경향이 있다. 하지만 휴전협정이 맺어지고 사람들이 떠나간 초평도는 1980년대까지 박격포 사격장으로 사용되었다. 1998년 이후로는 육군 1사단의 소형화기 피탄지被彈地로 사용되기도 했다. 그러다가 2009년에는 남은 총포탄들로 인해 화재가 발생한 뒤로는 초평도는 피탄지에서 제외되었다.

초평도가 지나온 시간을 가만히 들여다보면, 멀리서 보이는 것만이 전부가 아니라는 생각이 든다. 강 건너로 보이는 초평도에는 물억새와 갯버들이 우거져있다. 그 모습은 더없이 평화롭고 아름다워 보이지만, 그 땅에는 아직도 전쟁의 상처가 고스란히 남아 있다.

무능한 조선의 권력이 남은 자리,
임진나루터

초평도를 지나며 꺾어지는 물줄기를 따라가다 보면 작은 배들이 묶인 곳이 나타난다. 임진나루터다. 임진나루는 임진강 유역의 대표적인 나루인데, 이곳은 고려와 조선 시대에 개성과 한양을 오가는 주요 길목이었다.

오지나 다름없던 개성과 한양을 잇는 고갯길 혜음령에 관리나 사신은 물론이고 상인이나 일반 여행자들도 묵을 수 있는 분수원焚修院, 광탄원廣灘院, 혜음원惠蔭院, 벽제관碧蹄館 등이 생겼다. 그리고 이곳은 교통의 요충지가 되었다. 게다가 고려 때 국립숙박시설인 혜음원에서 임진나루를 거쳐 사신단이나 관리들이 말을 갈아타던 동파역東坡驛을 잇는 길은, 조선의 '대중국무역로'로 쓰일 만큼이나 중요했다.

임진나루는 한양 숭례문에서 시작해서 고양과 파주를 지나 개성, 평양을 거쳐 의주까지 이르는 옛 의주대로의 중요 길목이었다. 그래서 임진왜란 당시 선조가 도성을 버리고 의주로 향해 가는 '파천播遷 길'로 사용되었다. 선조 25년, 1592년 음력 4월 13일 일본군이 부산포에 상륙했다. 파죽지세로 밀고 올라온 일본군은 음력 4월 28일 충북 탄금대에서 신립 장군이 이끄는 조선군을 격파했다. 이에 선조는 곧바로 파천을 선언하고 광해군을 세자로 정했다. 전쟁이 일어난 지 고작 보름이 지났을 뿐이었다. 선조는 통곡하며 반대하는 신하와 백성을 뒤로한 채 4월 30일, 궁문을 나섰다.

그런데 바로 이곳에는 선조의 피신과 관련해 오래된 이야기가 남아 있다. 한양을 떠난 파천 행렬이 임진나루를 건너 동파역으로 향할 때는 비가 내리고 있었다. 쏟아지는 비로 인해 밤은 칠흑처럼 어둠에 휩싸여 있었다. 그런데도 선조가 무사히 이곳을 건널 수 있었던 것은, 나루터 위쪽에 자리한 화석정花石亭을 태워

임진나루의 풍경

불을 밝혔기 때문이라고 한다.

십만 양병설을 주장한 것으로 알려진 율곡 이이李珥(1536~1584)는 틈만 나면 이 정자에 들러 기둥 등에 들기름을 칠했다. 그리고 이이는 이항복에게 이곳을 지날 때, 화석정에 불을 놓으라고 했다는 것이다.

그렇게 화석정을 태워 불을 밝힌 선조는 임진강을 지나 평양으로 갔다. 임금이 지나간 길에는 병력이 남아 일본군과 임진강 전투를 치렀다. 하지만 도성을 버리고 떠난 임금만큼이나 무능했던 장수들 덕분에 임진강 전투는 대패로 끝이 났다.

임진강을 쉬 건너지 못해 애타던 일본이 화해를 청하고 군을 물리자, 도원수 김명원과 도순찰사 한응인도 강을 건넜다. 섣불리 강을 건너 전투를 치르면 안 된다는 노병 유극량의 권고를 듣지 않고 강을 건넌 그들은 참담한 패배를 마주하였다. 전투가 시작되자 항전 끝에 전사한 유극량과 달리 김명원과 한응인은 패전 후, 임금이 있는 평양으로 올라갔다. 문신이었던 한응인은 후에 우의정에 제수되

임진나루터에 정박한 배가 보인다.

기까지 했다.

평양을 지나 의주까지 피난 간 상황인데도 선조는 명나라로 망명까지 가겠다고 했다. 그러나 선조는 돌아오라는 신하들의 설득에 못 이겨 이듬해 환궁 길에 올랐다. 1593년 9월 28일 다시 동파역을 지나 임진나루를 건넌 선조의 행렬은 9월 29일 벽제관을 들렀다가 10월 4일 도성으로 돌아왔다.

한양으로 돌아오는 길에 선조는 임진강 전투에서 죽어간 병사들의 넋을 달래고자 위령제를 지냈다고 전해진다. 선조가 도성으로 돌아오기까지는 1년 반 정도의 시간이 걸렸지만, 전쟁은 그 후로도 5년 넘게 이어졌다. 무능한 왕이 백성을 위해 한 일이라고는 고작 위령제를 지내주는 것뿐이었다. 제 몸 하나 살겠다고 백성을 저버린 나라님에 대한 원망을 달래기에는 턱없이 모자란 정치적 행적이었다.

하지만 무능한 왕의 역사는 이것으로 끝나지 않았다. 도망간 왕을 대신해 임진왜란을 책임지고 지휘했던 광해군을 몰아내고 인조가 왕좌에 올랐다. 인조는

임진강변 생태탐방로가 개방되면서 임진나루터도 가까이 걸으며 볼 수 있게 되었다.

청나라와 척지고 지내다가 결국 병자호란을 불러왔고, 청 태종에게 세 번의 큰절을 올리는 수모를 겪어야 했다.

조선의 사대부들은 이전의 역사로부터 아무것도 배우지 못했다. 그래서 다시 인조의 두 아들, 소현세자와 훗날 효종孝宗이 되는 봉림대군은 청의 볼모로 잡혀 갔다. 청의 볼모로 잡혀가면서 두 사람은 임진나루를 다시 건너갔다.

훗날 영조는 이곳에 임진진臨津鎭을 설치하고 진서문鎭西門을 세워 군량미를 비축하였다. 그러나 외적의 침입에 대비하기 위해 세웠던 임진진과 진서문은 아이러니하게도 한국전쟁으로 불타 사라지고 지금은 흔적만 남아 있다.

전쟁에 대비하지 못해 도성을 버리고 황망히 의주로 떠났던 선조의 이야기. 이 장면은 한국전쟁 당시 '우리 군은 승리하고 있다'라는 거짓 방송을 흘리며 한강을 건넌 후, 그 다리를 폭파하였던 대한민국의 첫 번째 대통령에게서 다시 반복되었다. 전쟁은 무수한 생명을 앗아간다. 그러나 적개심을 불러일으키며 전쟁을 외쳤던 권력자들은 제 목숨만 지키는 데 급급했을 뿐이다. 그들에게 '백성'과 '국민'은 어디에도 없었다.

율곡습지공원에서 화석정으로,
이이의 기억

세 시간 가까이 되는 길을 걸으면 생태탐방로의 종점인 율곡습지공원에 다다른다. 이곳은 민간인 통제구역 바깥에 위치해서 굳이 군부대의 허가 없이도 방문할 수 있다.

율곡습지공원은 생태탐방로의 종점이자, 평화누리길 8코스인 반구정길의 종점이고, 평화누리길 9코스인 율곡길의 시작점이다. 생태탐방로를 걸어온 사람들이 길고 긴 트래킹을 마무리하며 한숨 돌리기에는 좋은 장소. 율곡습지공원은 버려져 있던 습지를 주민자치위원회에서 뜻을 모아 생태공원으로 만든 곳이다.

율곡습지공원은 큰 규모에 잘 갖춰진 시설은 아니지만, 곳곳에 연꽃군락과 억새 등의 습지 생물이 살고 있다. 또한, '율곡 숲'이라 이름 붙인 작은 숲을 조성해두어 천천히 걸어 다니며 곳곳을 둘러보기 좋다. 그리고 매년 가을이면 이 공원에서 파평 코스모스 축제가 열린다.

'율곡습지공원'이라는 명칭은 이곳의 대표적인 학자인 '율곡 이이'의

율곡습지공원

화석정

호에서 따온 것처럼 보이지만, 사실은 공원이 위치한 지역이 율곡리여서 '율곡습지공원'이라고 이름 붙여졌을 뿐이다. 마찬가지로 율곡 이이의 '율곡'이라는 호 역시 본인이 성장하고 기거했던 고향 마을의 이름을 따 지은 것이다.

파주는 개성과 한양 사이에 있었기 때문에 고려 시대부터 조선 시대 때까지 수도의 배후지로, 관료들이나 왕실 친지들이 많이 살았던 지역이다. 조선 시대 때는 특히 왕실 친인척들이 많이 살았고, 율곡의 집안도 연고가 있어 파주 땅에서 자리를 잡고 살았다.

율곡 이이가 자란 곳으로 더 이름난 곳은 강릉의 오죽헌烏竹軒이다. 하지만 외가인 강릉에서는 여섯 살 전까지만 살았고, 그 후에는 이곳 율곡리에서 살았다. 그래서 파주에는 율곡 선생과 관련된 장소들이 여럿 있다. 율곡리에는 율곡수목원과 화석정이 있으며, 율곡 선생의 가묘家廟와 기념관 등이 함께 있는 자운서원에는 매년 율곡문화제가 열린다.

습지공원에서 도보로 20분 정도 더 걸으면 화석정에 도착한다. 선조가 피난을 갈 때, 비가 오는 밤에 불태워 뱃길을 밝혔다는 화석정은 임진강이 내려다보이는 언덕에 자리를 잡고 있다. 정자에 오르면 생태탐방로를 지나며 보았던 초평도와 임진나루가 시야에 들어온다.

화석정에서 내려다본 임진강

화석정은 율곡의 6대조인 이명신이 지은 정자다. 과거시험에서 장원을 아홉 번 했다 하여 '구도장원공九度壯元公'이라 불렸던 율곡이 여덟 살 되던 때에 이곳에 올라 썼다는 시가 걸려 있다. 율곡은 조선 중기, 사림이 성장하는 시기에 살았던 대학자다. 이황과 더불어 성리학의 독창적인 이론을 내세운 인물로 꼽힌다. 그는 학문을 통해 세상을 논한 학자일 뿐 아니라 현실 개선을 위해 여러 정책을 냈던 정치가이기도 했다.

나날이 격해지던 사림 간의 갈등과 정쟁 속에서도 민생의 안정을 위해 고민했던 인물이다. 그래서 그는 당시 세금 중 하나인 공납貢納의 폐단을 시정하는 정책을 실시해야 한다고 주장하였다. 율곡은 관직에 있을 때는 물론, 관직에서 물러나 있을 때도 고향 마을로 돌아와 학문에 힘쓰고 많은 저작을 남겼다.

화석정은 파주로 돌아온 그가 제자들과 함께 올라 학문을 논하던 장소였다. 그 자리에서 학문을 논하면서도 정자 너머로 보이는 임진강을 바라보며 훗날을 우려하였다. 그래서 임진강을 황망히 건너게 될 일을 걱정하며 수시로 들기름으로 닦으라고 했던 그의 마음이 그나마 작은 위로를 준다.

화석정과 율곡의 「팔세부시」

기록에 의하면, 세종 25년(1443) 율곡 이이의 5대 조부인 강평공康平公 이명신이 세운 것을 성종 9년(1478) 율곡의 증조부 이의석李宜碩이 보수하고 몽암夢庵 이숙함이 화석정이라 이름을 지었다고 한다. 정자에 대한 기록에 의하면 당나라 때 재상 이덕유李德裕의 별장인 평천장平泉莊(경치가 매우 아름다웠다 함)의 기문記文 중에 보이는 '화석花石'을 따서 정자 이름으로 삼았다고 한다. 그 후 이이가 다시 중수하여 여가가 날 때마다 이곳을 찾았고 관직에서 물러난 후에는 이곳을 찾아 제자들과 시와 학문을 논하며 여생을 보냈다고 한다.

　임진왜란 당시 의주 피난길에 오른 선조의 길을 밝히느라 불타 없어졌다가 그후 80여 년간 빈터만 남아 있다가 현종 14년(1673)에 이이의 증손인 이후지李厚址·이후방李厚坊이 복원하였으나, 1950년 6·25전쟁 때 다시 소실되었다. 현재의 정자는 1966년 경기도 파주시 유림들이 다시 복원하고 1973년 정부가 실시한 율곡 선생 및 신사임당 유적 정화사업의 일환으로 단청되고 주위도 정화되었다.

팔세부시

화석정은 전형적인 조선 시대 양식의 정자로 정면 3칸, 측면 2칸 규모로 지어졌다. 정자의 지붕은 위에서 내려다보면 팔八자인 '팔작지붕'으로 사방을 향해 열려있다. 건물 내외부는 화려한 단청을 했는데, 건물 정면에 걸린 화석정 현판은 박정희 전 대통령이 쓴 것이고, 정자 안에는 율곡이 8세에 썼다는 팔세부시八歲賦詩와 화석정중건상량문花石亭重建上樑文을 비롯한 여러 개의 현판이 걸려 있다. 그중 팔세부시의 내용은 다음과 같다.

林亭秋己晩(임정추기만)	숲속 정자엔 가을이 이미 깊어서
騷客意無窮(소객의무궁)	시인의 생각 끝이 없다.
遠水連天碧(원수연천벽)	멀리 보이는 물은 하늘에 잇닿아 푸르고
霜楓向日紅(상풍향일홍)	서리맞은 단풍은 햇볕을 향해 붉어있다.
山吐孤輪月(산토고륜월)	산 위에는 둥근 달이 떠오르고
江含萬里風(강함만리풍)	강은 만리에서 불어오는 바람을 머금었다.
塞鴻何處去(새홍하처거)	변방의 기러기는 어느 곳으로 날아가는가
聲斷暮雲中(성단모운중)	울고 가는 소리 저녁 구름 속으로 사라진다.

09

임진강변의 격전사 3
삼국 패권의 처음과 끝이 묻힌
임진강 남쪽의 성들

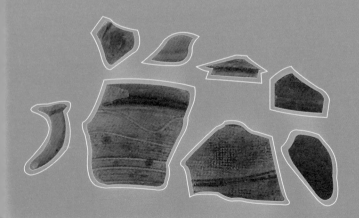

| 파주월롱산성지 – 파주 오두산성 – 파주 덕진산성 – 파주 칠중성 – 연천 대전리산성

한성백제의 산성, 파주 월롱산성지
광개토대왕의 전설, 파주 오두산성
고구려의 산성, 파주 덕진산성
중부 패권의 핵심 격전지, 파주 칠중성
최후 승자를 가리는 전투, 연천 대전리산성

_____ 고대 한반도에서 중부지역의 패권을 맨 처음 장악했던 것은 백제였다. 백제는 여러 부족이 연합한 부족연맹체에서 출발했다. 하지만 이후 주도권을 장악한 것은 부여계 계통의 고구려 유민들이었다. 연천의 돌무지무덤과 파주의 육계토성이 보여주듯이 이들은 임진강과 한강 유역에 자리를 잡고 세력을 넓혔다.

_____ 백제는 약 700년에 가까운 역사를 지녔다. 그동안 백제는 한성漢城에서 지금의 공주인 '웅진熊津'으로, '웅진'에서 다시 '부여扶餘'로 세 차례나 수도를 옮겼다. 이를 각각 '한성백제 시대', '웅진백제 시대', '사비 백제 시대'라고 한다.

_____ 백제의 건국 신화는 수도를 옮길 때마다 바뀐 것으로 보인다. 온조 설화에 따르면, 온조는 B.C. 18년 '하남위례성'인 한성에서 백제를 건국했다. 하남위례성에 도읍을 정하였을 때는 온조계가 정권을 장악한 시대였다. 하지만 A.C. 475년 백제는 이곳을 고구려에 내준 후, 웅진으로 천도한다. 아마도 비류 신화는 웅진으로 천도하였을 때, 비류계가 정권을 장악하면서 만들어진 것으로 보인다. 왜냐하면 공주 지역의 '곰나루 전설' 등이 비류 신화와 같은 지손계 건국 신화를 차용하고 있기 때문이다.

_____ 백제가 공주와 부여를 도읍으로 삼았던 기간은 총 185년이다. 즉, 700년 백제 역사의 대부분은 한성에서 만들어진 것이다. 『삼국사기三國史記』 백제본기에 따르면 백제의 건국은 B.C. 18년이지만, 많은 사람이 이를 인정하지 않았다. 그러다가 서울 송파구에서 '풍납토성風納土城'이 발견되면서 한성백제의 수도인 하남위례성에 관한 관심도 고조되었다.

_____ 백제는 큰 강이 흐르며 기름진 땅이 존재하는 한강 유역을 터전으로 삼았다. 이 때문에 고대 삼국 중 가장 먼저 한반도의 패권을 장악하며 전성기를 맞았다. 백제의 전성기를 이끌었던 것은 제13대 왕 근초고왕近肖古王(?~375)이었다.

당시 고구려는 삼국 중 가장 큰 나라였다. 하지만 근초고왕은 백제를 쳐들어온 고구려의 고국원왕故國原王(?~371)을 '치양雉壤'에서 물리친 데 이어, 371년에는 고구려로 쳐들어가 평양성平壤城에서 고국원왕을 죽였다. 일부 학자들은 근초고왕이 중국의 통일왕조가 무너지고 북중국이 혼란에 빠지자 이를 틈 타 요서지역遼西地域을 장악하기도 했다고 말한다.

한성백제는 지금의 서울인 한성에 자리를 잡고 북쪽으로 임진강변까지 세력을 넓혔다. 파주 내륙에는 '월롱산성月籠山城址'이 있었으며, 임진강과 한강이 합류하는 지역에는 '오두산성烏頭山城'이 있었다. 이들 성에서는 최근 백제의 유물들이 발굴되어 한성백제의 성城이라는 점이 밝혀지고 있다.

하지만 파주지역 외에도 성들이 존재한다. 기록에 따르면 파주지역에는 칠중성七重城, 토탄성吐呑城, 아미성峨嵋城, 육계성六溪城, 수철성水鐵城 등이 있었다고 한다. 하지만 육계토성만이 백제의 성이라고 밝혀졌을 뿐, 칠중성과 수철성은 백제의 것인지가 명확하지 않으며, 토탄성과 아미성은 그 위치를 정확하게 알 수 없다.

어쨌든 한성백제 시절, 파주와 연천은 고구려와 백제가 한반도의 패권을 놓고 맞부딪쳤던 지역이다. 이곳에서 고구려와 백제는 임진강과 한탄강을 경계로 성을 쌓고 정치–군사적 대립을 계속했다. 그렇기에 임진강 북쪽 연천이 주로 고구려의 역사를 간직하고 있다면 임진강의 남쪽 파주는 백제의 역사를 담고 있다.

한성백제의 산성,
파주 월롱산성지

'파주 월롱산성지'는 임진강과 한강이 서로 만나는 지점인 해발 229m의 월롱산月籠山 정상 부근에 있는 초기 백제의 '산성山城'이다. 산지가 많은 한반도에는 약 1,200여 개 이상의 산성터가 남아있을 정도로 산성이 많았다. 산성은 높은 위치에서 아래를 내려다보며 적의 움직임을 조망할 수 있고, 올라오는 적들을 향해 쉽게 공격할 수 있는 요새다.

파주 월롱산을 '월롱'이라고 이름 붙인 데는 두 가지 설이 있다. 하나는 '높은 곳'을 뜻하는 우리말 '다락'을 한자로 음차音借했다는 것이다. 즉, '월月'은 우리말 '다'나 '달'을 음차한 것이며 '롱籠'은 '락'이나 '랑'을 '롱'으로 음차한 것이라는 설이다. 실제로 월롱산을 '다랑산'이라고도 한다.

하지만 벌판 한가운데 솟아오른 이 산의 모양이 마치 반달 모양의 대바구니를 엎어 놓은 것 같다고 해서 '달 월月'과 '대바구니 롱籠'자를 써서 '달 모양의 대바구

—
월롱산성지(경기도기념물 제196호) (© 파주시청)

풍납리토성(ⓒ 문화재청)

니'라는 의미로 붙인 이름이라는 설도 있다. 어쨌든 월롱산은 파주의 평지 한가운데 우뚝 솟아오른 산으로, 나지막하지만 전체를 조망하기 좋은 산이다.

게다가 월롱산은 두 개의 봉우리를 가지고 있다. 이 두 개의 봉우리 중 월롱덕은리와 파주시 야동동 쪽을 '파주 월롱산'이라 하고, 탄현 금승리 쪽을 '교하 월롱산'이라 한다. 산봉우리가 두 개이기 때문에 산 정상에서 동서남북 전체를 조망할 수 있다.

동북쪽으로는 파주 일대의 평야와 더불어 임진강 연안이 한눈에 들어오며, 서쪽으로는 교하 일대의 임진강이 한강과 합류하여 강화도 방향으로 흘러 들어가는 것을 볼 수 있다. 남쪽으로는 고양 일대와 북한산, 이와 함께 멀리 관악산이 보일 정도로 조망이 좋다. 아마도 백제는 이러한 지리적 이점 때문에 이곳에 산성을 쌓았던 것 같다.

현재 월롱산성의 성벽은 거의 남아있지 않다. 하지만 잔해로 추정해 볼 때, 성의 전체적인 형태는 남북이 길쭉한 타원형이며 성벽은 자연적으로 조성된 지형을 활용하여 축조된 것으로 보인다. 산성의 동북쪽은 자연 절벽이고 동남쪽은 산의 경사면을 활용하여 토성을 쌓았다.

중부지역의 신라 산성들이 주로 돌을 사용하여 세운 석축성石築城인 데 반해, 백제는 돌이 아니라 흙을 사용하여 성을 세웠다. 또한 월롱산성 내부에서는 '풍납토성'과 '몽촌토성夢村土城'에서 많이 출토되었던 백제의 토기들뿐만 아니라 통일신라와 고려 및 조선 시대의 토기들도 소수 발견되어, 그 이후로도 사용되었던 것으로 보인다.

광개토대왕의 전설,
파주 오두산성

오두산성에서 바라본 오두산통일전망대

파주 오두산성은 오두산烏頭山 정상에 쌓은 산성이다. 오두산은 높이 110m에 불과한 조그만 산이지만 함경남도 마식령에서 시작하여 황해도 판문군을 거쳐 경기도 파주로 들어온 임진강이 한강과 만나 서해로 흘러드는 '조강祖江'을 내려다볼 수 있는 곳이다. 게다가 주변에 높은 산이 없어서 강 건너로, 이북의 장단면과 이남의 김포평야를 한눈에 볼 수 있다.

『세종실록지리지世宗實錄地理志』와 『신증동국여지승람新增東國輿地勝覽』에 따르면 '오두산'은 '조두산鳥頭山' 또는 '오조산烏鳥山'이라고도 불렸다. 하지만 가장 많이 사용된 명칭은 '오두산'이었다. 아마도 이 산이 새의 머리 또는 까마귀의 머리처럼 생겼기 때문으로 보인다. 오두산의 '오'는 '까마귀 오烏'이며 조두산의 '조'는 '새 조鳥'로, 모두 '머리 두頭'와 연결되어 있다.

그런데 까마귀는 고구려의 상징인 '삼족오三足烏'다. 그래서였을까? 오두산성을 보면 고구려에 의해 무너진 한성백제의 아픈 역사가 떠오른다. 고구려가 백제를 압박하기 시작한 것은 광개토대왕 때부터다. 철갑으로 무장한 고구려의 철기 기마군은 4m가 넘는 긴 창을 장착한 채, 말을 타고 저 멀리 만주벌판에서 이곳 한강 유역까지 누볐다.

광개토대왕의 남진과 관련해 남아있는 가장 신화적인 이야기 중 하나가 백제의 '관미성關彌城' 공략이다. 백제의 관미성은 사면이 가파르고 바닷물로 둘러싸여 있어서 난공불락의 요새로 평가되었다. 그러나

파주 오두산성(ⓒ 문화재청)

동측하단성벽(ⓒ 문화재청)

오두산 출토 토기편(ⓒ 문화재청)

광개토대왕은 이를 20여일 만에 함락시켰다고 한다.

그런데 오두산성이 바로 그 관미성일 것이라는 이야기들이 나오고 있다. 관미성이 어느 지역인지에 대한 정설은 없다. 일부 학자들은 현재 강화도의 교동도 또는 예성강 하구의 성곽으로 추정하기도 한다. 하지만 한성백제의 수도가 풍납토성이나 몽촌토성처럼 지금의 서울 송파구라고 한다면, 오두산성이 관미성일 가능성도 아예 없는 것은 아니다. 김정호의 「대동여지도」에는 이곳 오두산성을 관미성關彌城으로 표시하고 있다.

『삼국사기』에 따르면 당시 광개토대왕은 부대를 일곱으로 나누어 관미성을 포위 공격해서 차지했고 그 후, 이곳을 근거지로 삼아 위례성을 포위 공격해서 항복을 받아냈다고 한다. 그렇다면 오두산성은 고구려에게 한강 하류를 거쳐 서울로 들어가는 입구가 될 수 있었을 것이다.

고구려의 산성,
파주 덕진산성

관미성을 중심으로 주변의 성들이 모두 고구려에 넘어가자 백제 아신왕은 393년 8월 백제의 장군 진무眞武를 병마사兵馬使로 삼고 1만의 군사를 주어 고구려에 빼앗긴 백제의 땅을 되찾아오도록 명령했다. 이에 진무는 고구려에 대한 공격을 시작하였고, 다섯 개의 성을 되찾는 데 성공한다.

그러나 5개의 성을 다시 빼앗긴 고구려군은 천혜의 요새였던 관미성에서 백제의 공격을 막아냄으로써 한강 유역을 자기 영토로 편입시켰다. 이듬해 고구려는 백제의 침략을 방비하기 위한 목적으로 일곱 개의 성을 더 쌓았다. 파주 덕진산성은 이 시기에 고구려가 쌓은 산성의 하나로 여겨지고 있다.

덕진산성(사적 제537호) (© 파주시청)

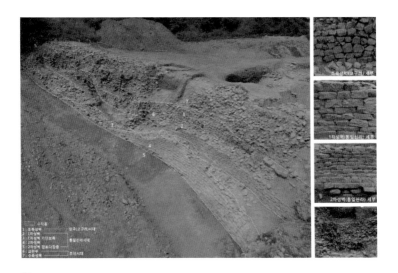

덕진산성 성벽의 연대별 축성 흔적(© 파주시청)

파주지역 전체 지도를 보면, 파주 덕진산성은 남쪽에 있는 오두산성과 내륙의 월롱산성을 지나 파주 북쪽의 민통선 안 임진강변에 있다. 덕진산성은 임진강이 북쪽으로 굽이쳐 흐르면서 형성된 깎아지른 절벽을 이루는 고지로, 해발 85m 능선에 자리를 잡고 있다. 고구려의 처지에서는 강의 남쪽을 두루 관측하기에 좋은 곳이다.

또한, 임진강 북쪽에 있는 덕진산성에서 남쪽을 향해 보면 강 가운데 섬이 하나 있다. 이는 임진강에 오직 하나뿐인 섬으로, '초평도草坪島'다. 임진강을 건너고자 한다면, 이곳 초평도를 징검다리 삼아 건너기에 편하다. 아마도 고구려는 이를 염려해 덕진산성을 쌓았던 것으로 보인다.

덕진산성은 내성과 외성으로 되어 있다. 현재도 길이 1km, 높이 4m 정도의 석축에서 외성의 흔적을 확인할 수 있으며, 내성도 원형으로 된 우물터에서 그 흔적을 확인할 수 있다. 또한, 4~5세기경의 고구려 유적들로 판단되는 기와 조각들이 내성의 성벽 기단부에서 출토되었다.

덕진산성 집터(© 파주시청)

하지만 덕진산성은 고구려만 사용한 것이 아니다. 7세기 말경 신라가 고구려의 성곽을 새로 쌓고, 9세기에는 전면적으로 보수한 흔적이 남아있을 뿐만 아니라 조선 시대, 특히 임진왜란 때에도 이를 사용한 기록이 있다.

어쨌든 고구려 장수왕에 의해 백제의 개로왕이 죽은 이후, 그의 아들 문주왕은 475년 수도를 한성에서 웅진으로 옮겼다. 백제의 반격이 시작된 것은 그로부터 80여 년이 흐른 뒤인 551년이다. 사실, 개로왕의 죽음 이후 백제의 왕권은 갈수록 약화하였다. 22대 문주왕과 24대 동성왕東城王(?~501)은 암살되었으며, 23대 삼근왕三斤王(465~479)은 섭정에 시달렸다.

하지만 동성왕의 암살 이후, 왕이 된 무녕왕武寧王(462~523)은, 내적으로는 한성에서부터 내려온 귀족과 웅진에 기반을 둔 신진세력 간의 권력다툼을 평정하고, 외적으로는 말갈과 고구려군의 침입을 막아내면서 백제를 안정시키기 시작하였다. 이에 그의 뒤를 이어 왕위에 오른 성왕聖王(?~554)은 안정을 기반으로 본격적인 개혁정치를 펼쳤다.

그는 수도를 웅진에서 다시 지금의 부여인 사비로 옮기고 국호도 백제에서 '남부여'로 바꾸면서 개로왕 사후 숙원사업이었던 한강 유역 회복에 박차를 가했다. 551년, 백제 성왕은 신라의 진흥왕眞興王(534~576)과 연합해서 고구려를 공격하여 한강 유역을 되찾았다.

하지만 권력 앞에서는 영원한 친구도 적도 없었다. 갑자기 돌변한 신라는 백제의 6군을 기습하여 한강 유역을 독차지하였다. 분노한 백제의 성왕은 신라를 공격하였지만, 성왕은 신라군의 매복에 걸려 오히려 죽임을 당하고 말았다.

고구려가 남으로 한반도 중부지역을 잃고, 대륙 방면으로는 중국의 통일왕조, 수–당의 침략에 맞서 싸우고 있는 사이에 신라는 백제를 이용해 한강 유역을 차지하였다. 그 후, 신라는 638년 선덕여왕善德女王(?~647) 때 임진강 유역까지 자신의 영토를 넓혔고, 덕진산성의 주인도 고구려에서 신라로 넘어갔다.

중부 패권의 핵심 격전지,
파주 칠중성

파주의 북쪽을 차지한 세력의 입장에서 본다면, 임진강을 넘어 들어오는 적군을 감시하기에 좋은 서쪽의 요충지는 덕진산성과 호로고루다. 반면, 남쪽을 차지한 세력의 관점에서는 임진강을 넘어 침입해 들어오는 적군을 감시하기 좋은 동쪽 요충지는 '칠중성'이다. 칠중성은 파주의 해발 147m인 중성산重城山 정상부와 해발 142m인 서봉西峰의 8~9부 능선에 쌓은 산성이다.

중성산 뒤쪽에는 해발 675m로 파주 일대에서 가장 높은 산인 감악산이 있다. 하지만 서북쪽에서 동북쪽까지는 높은 산이 없어서 주변을 한눈에 조망할 수 있다. 현재도 이곳은 문산~적성~전곡으로 이어지는 37번 국도와 개성~장단~적성~의정부~서울로 연결되는 349번 지방도가 교차하는 교통의 요충지다.

칠중성은 주변의 다른 성과 달리 백제, 고구려, 신라 가운데 신라가 가장 많이 사용하고, 중요하게 여겼을 것으로 추측되고 있다. 그러나 칠중성도 신라가 쌓은 성은 아니다. 매우 적지만 백제의 유물이 발견되었으며, B.C. 1년 온조왕이 침략

칠중성 성벽 터

칠중성 안내판

해 온 말갈의 추장 소모素牟를 이곳에서 사로잡았다는 기록도 있기 때문이다.

게다가 이 성의 이름은 성의 주인이 바뀐 역사를 반영하듯이 백제 시대에는 '난은별難隱別'이었다가 고구려에서는 '칠중성'이 되었고, 다시 신라 경덕왕景德王 (?~765) 때, '중성重城'으로, 고려 시대에는 '적성積城'이 되었다고 한다. 이 성이 있는 마을이 적성면인 것은 고려 시대의 이름인 '적성'을 따른 것이다.

또한, 고구려에서 '칠중성'이라고 부른 것은 임진강을 그 당시 사람들이 '일곱 겹의 하천'이라는 뜻에서 '칠중하七重河'라고 불렀기 때문이다. 따라서 칠중성을 대규모로 다시 쌓고 이를 요충지로 오랫동안 활용한 것은 신라였지만, 처음 이 성을 쌓은 것은 한성백제였던 것으로 보인다. 즉, 원래 한성백제의 성이었던 이곳을 신라가 나제동맹으로 고구려를 몰아내고, 553년 백제의 뒤통수를 칠 때, 빼앗은 것으로 보인다.

칠중성 전경

　　하지만 그렇게 쉽게 중원을 내줄 고구려가 아니었다. 그로부터 15년 후인 638년 10월, 고구려는 4차례에 걸친 수의 침략을 막아낸 이후, 이곳을 되찾기 위해 공격을 감행한다. 이에 선덕여왕은 대장군 알천을 보냈고, 그해 10월 알천은 고구려와 싸워 승리함으로써 이곳을 완전히 지배할 수 있었다. 한강 이북의 땅을 되찾았던 백제의 성왕이 죽은 뒤, 백제의 왕권은 땅에 떨어졌고 귀족들의 권세가 왕권을 위협하였다.

　　백제의 마지막 왕이었던 의자왕義慈王(?~660)의 아버지 무왕武王(?~641)은 왕권을 강화하면서 신라에 빼앗긴 영토를 되찾기 위해 노력하였다. 무왕은 602년 신라의 모산성母山城에 대한 공격을 시작으로 636년 독산성獨山城 전투까지 10여 차례 이상을 공격하면서 신라를 위협하였다. 하지만 진짜 위협이 본격화된 것은 그 아들 의자왕 때였다.

의자왕은 642년 2월 직접 군대를 이끌고 공격해 미후성獼猴城을 비롯한 40여 개의 성을 빼앗았다. 또한, 8월에는 장군 윤충을 보내 대야성大耶城을 공격하였다. 윤충은 대야성을 함락하고 김춘추의 사위인 성주 김품석을 사로잡은 후 죽였다.

백제의 위협으로 곤란을 겪던 신라는 648년 12월 김춘추를 당나라로 보냈다. 김춘추는 당唐 태종 이세민을 만나 나당군사동맹을 맺었다. 654년 왕이 된 무열 왕 김춘추는 660년 3월, 당에 원군을 요청하였다. 당은 소정방을 신구도대총관으로, 유백영을 좌효위장군으로 삼고 군사 13만 명을 파병하였다.

신라는 지금의 옹진군 덕적도德積島인 덕물도德勿島에서 당나라 군대를 맞이하고 협공 작전을 세운 다음, 백제를 침략하였다. 당은 지금의 금강錦江인 백강白江으로, 김유신은 지금의 충남 연산인 황산黃山으로 쳐들어갔다. 황산에서 계백의 5

칠중성 성터에서 바라본 노을

천 결사대는 김유신의 군대 5만과 싸워 네 번을 이겼지만, 다섯 번째 전투에서 전멸하였다.

의자왕은 지금의 공주인 웅진성熊津城으로 피신했다가 나당연합군에 의해 사비성이 함락되자 항복하였다. 그 후, 의자왕은 중국의 낙양洛陽으로 압송된 수일 만에 병으로 죽음을 맞았다. 이로써 백제는 개국 678년 만에 한반도의 역사에서 사라졌다.

고구려는 백제가 660년 7월에 멸망하자 위협을 느끼고 그해 11월에 칠중성을 공격하였다. 그 당시 고구려군은 성주 필부를 죽이고 칠중성을 함락하였으나, 나당연합군의 반격에 밀려 다시 성을 내줄 수밖에 없었다. 그런데 칠중성에서의 패배는 삼국 패권의 향방을 결정짓는 매우 중요한 사건이었다. 나당연합군이 백제와 고구려를 장악한 이후, 신라와 당은 다시 이곳을 중심으로 한반도의 패권을 놓고 '나당전쟁羅唐戰爭(670~676)'을 치렀기 때문이다.

675년 2월 계림도대총관 유인궤는 말갈과 연합해서 칠중성을 쳐 이를 장악하였다. 하지만 신라는 곧바로 반격에 나섰다. 나당전쟁은 6년 동안 진행되었고, 신라는 마침내 이 성을 손에 넣었다. 이로써 신라는 당나라군의 임진강 이남 진출을 저지할 수 있었고, 이를 거점으로 하여 나당전쟁의 승패를 결정지은 '매소성전투買肖城戰鬪'를 이끌 수 있었다.

하지만 이곳의 성들은 이후로도 한반도의 역사에서 매우 중요한 군사적 요충지의 역할을 담당하였다. 고려 시대에는 거란과 몽골의 침입 경로로, 임진왜란 때는 북진과 남진의 거점으로 사용되었다. 게다가 한국전쟁 당시에는 중국군 3만 명이 임진강을 넘어 남진할 때, 영국군 1개 대대가 3일 동안 이곳에서 방어전을 하면서 서울 진입을 막아내기도 했다.

최후 승자를 가리는 전투,
연천 대전리산성

파주의 칠중성을 지나 임진강을 건너 연천에 이르면 임진강과 한탄강이 만나는 지점, 한탄강 강가에 솟아오른 봉우리가 있다. 거기에는 대전리산성大田里 山城이 있다. 대전리산성은 해발 137m에 있는 산성으로, 주변을 한눈에 조망할 수 있고 동·서·북의 삼면이 한탄강을 끼고 있어서 방어에도 유리하다.

하지만 이곳이 삼국시대의 마지막 패자霸者를 가리는 나당전쟁의 현장일 수 있다는 견해가 제시된 것은 비교적 최근이다. 1984년 역사편찬위원회가 이곳을 실측 조사하기 이전까지는 매소성 터는 경기도 양주시 어둔동 또는 남방동 근방으로 추정했었다. 물론 지금도 이에 대해서는 논란의 여지가 있다.

대전리 산성에서 내려다본 한탄강

어쨌든 칠중성을 장악한 신라가 당과의 싸움에서 승패를 결정지을 수 있었던 데는 '매소성전투'가 크게 작용한다. 신라는 675년 '매소성전투'에서 대대적인 승리를 쟁취함으로써 당군의 육로 이동을 차단할 수 있었다. 이어 신라는 676년 육로가 막힌 당군의 해로를 '기벌포해전伎伐浦海戰'에서 완파함으로써 대동강 이남의 패권을 완전히 장악하게 된다.

『삼국사기』에 따르면, 675년 안동진무대사 이근행이 이끄는 20만 명의 당나라 군대가 매소성에 주둔했다고 한다. 물론 이것은 과장일 것이다. 하지만 대규모 부대가 주둔했던 것은 분명해 보인다. 이곳을 공격한 신라가 말 3만 680필 등을 노획하는 등 이근행의 군대를 대파한 게 그 방증이다. 어떻게 이것이 가능했을까?

일설에 따르면, 신라는 임진강을 통해서 식량과 군수물자를 보급하는 설인귀의 보급 선단을 공격함으로써 보급로를 끊고 성을 고립시킨 다음 공격했다고 한다. 그 후, 전세는 완전히 신라 쪽으로 기울었고, 승기를 잡은 신라군은 기벌포 앞바다에서 설인귀가 이끄는 당의 수군을 대파함으로써 전쟁을 종결지었다.

고구려, 백제, 신라는 각각 B.C. 37년, 18년, 57년에 각각 나라를 만들고 한반도의 패권을 다투다가 나당연합군에 의해 A.C. 660년 백제가, 668년 고구려가 패망하였다. 하지만 당나라 또한 한반도를 지배하고자 했기 때문에, 신라는 최후의 패자를 겨루는 전투를 피할 수 없었다. 신라는 칠중성을 지키고 그것을 교두보 삼아 당나라군을 압박하며 최종적인 승자가 되었다.

오늘날 우리는 여기서 비옥한 영토 위에 찬란한 문명을 꽃피우고 일본과 중국의 산둥반도까지 무역로를 개척했던 백제의 역사도, 저 멀리 만주 벌판까지 광대한 대제국을 건설했던 고구려의 기상도, 삼국을 정복하고 중원의 제국 당을 몰아내고 한반도의 마지막 패자가 되었던 신라의 영광도 이제 더는 볼 수 없게 되었다.

—
연천 대전리산성 안내도

하지만 한반도에서 패권을 다투던 역사의 기억과 흔적은 사라지지 않았다. 그것은 허물어진 산성과 기록으로, 퇴락한 자취 속에 여전히 기억되기를 기다리고 있다. 오늘도 임진강의 물줄기는 시간의 강과 함께 흐르고 있다. 한반도에서 오늘을 살아가는 우리 또한, 그들처럼 그들의 지나간 역사적 기억들과 함께 그 시간의 강을 지나가고 있다.

과거는 지나간 것으로, 미래는 아직 오지 않은 것으로, 지금 여기에 존재하지 않을 뿐만 아니라 부여잡을 수도 없다. 붙잡는 그 순간, 현재는 과거가 되고 미래는 연기된다. 그렇다면 삶은 찰나들의 연속이자 흐름 그 자체인지도 모른다. 그렇기에 현재는 과거와 미래가 갈라지는 순간이며 역사는 그런 현재가 기억하고자 하는 과거로, 장차 올 미래에 대해 자기 스스로 삶에 부여하는 의미인지도 모른다.

다시 주목받은 덕진산성, 인조반정의 소굴이 되다.

조선시대에 덕진산성 터는 단을 쌓아 기우제를 지내는 곳이었다. 하지만 임진왜란이 일어나면서 덕진산성은 몰려오는 왜군의 북진을 막는 곳으로 다시 주목을 받았고, 광해군은 후금의 침략에 대비해 덕진산성에 외성을 쌓도록 했다. 하지만 아이러니하게도 광해군이 요새로 주목한 이곳은 자신을 몰아낸 인조반정 일당의 소굴이 되었다. 당시 장단부사에 임명된 이서李曙(1580~1637)는 이곳에서 김류, 신경진, 이귀 등과 함께 군사를 훈련하면서 반정을 꿈꾸었기 때문이다.

그런데 인조반정과 관련해 이곳에서는 흥미로운 이야기가 전해져 내려오고 있다. 장단부사 이서가 광해군을 몰아내기 위해 군사를 이끌고 출정을 할 때, 부인에게 다음과 같이 이야기했다고 한다. '성공하면 나룻배에 붉은 기를 달고 실패하면 흰 기를 달겠다.' 이 말을 철썩같이 믿었던 부인은 멀리서 오는 나룻배를 보고 그만 자결을 하고 말았다. 흰 기가 걸려 있었기 때문이다. 하지만 그것은 뱃사공이 더워서 저고리를 걸어오는 것이 그만 붉은 깃발을 가리면서 흰 깃발로 보였던 것이다. 이에 뒤늦게 도착한 이서는 아내가 몸을 던진 언덕에 덕진당을 짓고 그 원통함을 달랬다고 한다.

그러나 이 모든 것이 그 스스로 자초한 것이었는지도 모른다. 나중에 인조반정의 일등 공신 중 하나인 이괄은 논공행상에 불만을 품고 반란을 일으키고 조선을 지키는 정예병들은 죽어갔다. 그럼에도 불구하고 무능한 인조반정 세력들은 '사대의 예'를 내세우며 '반청'을 하다가 병자호란을 당하고 인조는 '삼전도의 굴욕'을 겪어야 했다. 인조는 이곳 파주의 장릉에 그의 왕비와 함께 묻혀 있다.

하지만 역사는 반복된다고 했던가? 1980년 12월 12일, 노태우는 이곳 파주 지역에서 전방을 지키는 9사단의 29연대를 빼돌려 중앙청에 배치함으로써 권력 찬탈에 결정적인 공헌을 했다. 그런데 이뿐인가? 최전방 부대를 빼돌려 자신의 권력욕을 채우는 도구로 사용한 것은 5.16쿠데타에서도 마찬가지였다. 바로 김포, 강화 해안 경계를 담당하던 해병대 제1여단의 김윤근 해병대 준장도 이들 병력을 빼돌려 쿠데타에 동원했기 때문이다.

쿠데타의 주역들은 항상 국민들에게 북의 침략 야욕과 위험, 이에 대처하기 위한 국방의 강화와 군사력 증강 등을 이야기하면서 북의 위협을 과장한다. 하지만 그들은 전방의 방어가 공백 상태가 될 수밖에 없음에도 불구하고 자신의 권력 찬탈을 위해 전방부대를 동원한다. 그렇기에 이들 소위 '장군'들이야말로 국민의 안전에 위험을 초래하는 진짜 주범들은 아닐까 싶다.

10

냉전 해체의 공간,
판문점에서
평화와 치유의 길을 걷다

| 판문점 – 판문점 평화의 집 – 도보다리 – 돌아오지 않는 다리 – 72시간 다리 – 판문점 통일각 – 파주 북한군 묘지

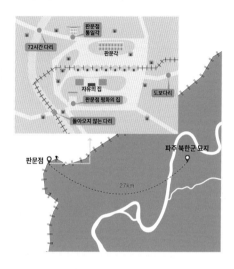

냉전에서 평화의 공간으로, 판문점
4·27 판문점선언의 역사적 공간, 평화의 집
두 정상의 산책길, 도보다리
냉전의 기억, 돌아오지 않는 다리·72시간 다리
냉전 해체를 위한 남북 정상의 만남, 통일각
죽음에 대한 애도와 공감, 파주 북한군 묘지
평화의 바람을 타고 미래로

_____ 전쟁이 남긴 파괴의 현장에서도 생명은 아픔과 고통을 이겨내며 새로운 사랑을 만들며 자라난다. 이를 가장 상징적으로 보여주는 곳이 판문점이다. 군사분계선을 사이에 두고 남측과 북측이 서로 마주하는 곳인 판문점은 서울에서 북서쪽으로 대략 60km 정도 떨어져 있다. 이곳의 원래 지명은 널문리였다. 하지만 1951년 10월, 정전회담 장소가 개성에서 이곳으로 옮겨지면서 이름도 현재와 같이 바뀌었다. 중국어 표기를 위해 우리말인 '널문리'를 한자식 표기인 '판문점板門店'으로 고쳐 쓴 것이다.

_____ 널문리에는 다음의 전설이 남아있다. 임진왜란 당시, 선조는 파죽지세로 몰려드는 왜적을 피해 한양을 버리고 의주로 피난을 갔다. 왕과 신하들이 북쪽을 향해 올라가다가 초가집이 듬성듬성 있는 작은 마을 앞에 이르렀을 때, 강이 길을 막아섰다. 주변을 살펴보았으나 배가 한 척도 보이지 않았다. 모두가 발만 동동 구르고 있을 때, 초라한 옷을 입은 농부들이 널판지로 만든 대문을 뜯어다가 다리를 놓았고, 그 덕에 그들은 강을 건널 수 있었다. 그 이후, 이 마을은 널문리가 되었다고 한다.

_____ 그래서 혹자들은 판문점의 진짜 이름인 널문리가 강을 건너는 다리를 만든 데에서 유래한 것처럼 널문리라는 이름이 막힌 길을 뚫어가면서 길이 없는 곳에 길을 만들어준다는 의미를 지니고 있다는 해석을 내놓기도 한다. 어쨌든 판문점 자체가 정전협정의 산물로, 남측과 북측이 대립과 충돌을 막고, 상호협력해서 평화를 관리하는 공간으로 기획되었다는 점에서 아예 근거가 없는 것은 아니다.

_____ 하지만 현재의 판문점은 서로 총부리를 마주하는 살벌한 적대의 공간이 되었다. '돌아올 수 없는 다리'와 '72시간 다리' 등 모든 길은 끊어졌다. 널문리가 끊어진 길을 잇는 것이지만 오늘날 판문점은 그렇지 못하다. 하지만 그렇다고 판문점이 아예 제 기능을 못하는 것은 아니다. 판문점을 널문리로 만들어가고자 하는 실천 또한 계속 이루어지고 있기 때문이다.

냉전에서 평화의 공간으로,
판문점

판문점은 공동경비구역이다. 공동경비구역(Joint Security Area, JSA)은, 말 그대로 양쪽이 함께 안전을 관리하는 지역을 말한다. 1953년 10월 UN 측과 북·중국 측의 군사정전위원회는 회의 진행을 위해 군사분계선 상의 동서 800m, 남북 400m에 해당하는 사각형의 지역에 위원회의 본부 및 회의실을 설치하고 남북을 서로 자유롭게 왕래하는 공간을 만들었다.

하지만 1976년 8월 북한 병사들이 UN군을 도끼로 찍어 살해한 '미루나무 절단 사건' 또는 '8·18 도끼 사건'이 일어나면서 '공동'경비구역이라는 이름과 달리, 군사분계선을 경계로 남측과 북측 양쪽이 서로 '대치'하는 공간으로 바뀌었다.

그런데 2018년 이곳이 4·27 남북정상회담, 5·26 남북정상회담, 2019년 남북미정상회동의 장소가 되면서 이곳은 다시 평화의 공간으로 전 세계인들의 주목을 받았다. 비록 이 실험은 중단되었고, 남북관계는 냉전으로 다시 회귀하였지

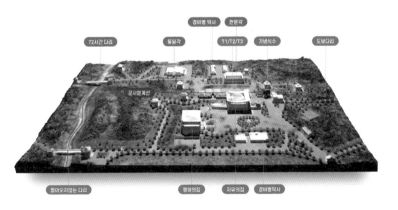

판문점 전체약도(© 통일부 판문점견학지원센터)

만, 그렇다고 실험이 실패했다고는 할 수 없다. 2018년 9·19 평양선언까지 이어진 세 차례의 남북정상회담은 평화와 공동번영이라는 전체적인 기조 아래 한반도의 새로운 역사를 만들어가는 기억을 남겨놓았을 뿐만 아니라 남북이 함께 가야 하는 길이 무엇인지도 보여주었기 때문이다.

4·27 판문점선언의 역사적 공간,
평화의 집

판문점 안의 공동경비구역은 군사분계선을 경계로 하여 남측과 북측의 건물들이 대칭을 이루고 있다. 남측에 있는 자유의 집, 평화의 집은 각각 북측의 판문각板門閣, 통일각統一閣과 마주 보고 있다. 판문점에는 DMZ의 다른 지역과 달리, 군사분계선을 넘어가는 이동로와 건물들이 있다. 남북은 자유의 집(남)과 판문각(북)에 있는 상설 연락사무소와 직통전화 2회선을 이용해 왕래, 회의 절차 등을 협의하고 있다. 또한, 역사적으로 남북 간의 각종 회의를 진행했던 회담장들은 군사분계선을 가로질러 남북 양쪽에 걸쳐 있다.

2018년 4월 27일 역사상 처음으로 판문점에서 남북정상회담이 열렸다. 그 당시 문재인 대통령은 회담 장소였던 '평화의 집'으로 오는 김정은 위원장을 마중 나왔고, 군사분계선이 그어진 바로 그 경계선 남쪽과 북쪽에서 서로 손을 맞잡았다. 김정은 위원장의 제안으로 '두 정상'은 손을 마주 잡고 경계선을 넘어 북쪽으로 갔다가 다시 남쪽으로 넘어오는 상징적 장면을 연출하였다. 1976년 이후 이제까지 아무도 넘나들 수 없었던 군사분계선을 남북의 정상이 함께 넘나듦으로써 분단 해체의 의지를 전 세계에 보여준 역사적 사건이었다.

—
판문점 회담 당시 남북의 정상이 함께 손을 잡고 넘어갔다왔던
군사분계선을 표시하는 중간턱이 분명하게 올라와 있다.

각종 회담장들은 바로 이곳을 중심으로 좌우로 나란히 서 있는 일곱 개의 건물에 있다. 이 중 문재인 대통령과 김정은 위원장이 악수했던 곳 바로 옆에 있는 좌우 건물이 '군사정전위원회 본회의장'과 '군사정전위원회 소회의실'이다. 이 건물들의 공식 명칭은 'Temporary(임시)'의 첫 글자를 따서 지은 T2, T3다. 1953년 7월 27일 정전협정 체결 당시 임시로 사용하기 위해 지은 건물이기 때문이다.

하지만 그때 '임시로' 세운 건물이었지만, 지금까지 양측이 사용하는 공간이 되었다. T2와 T3의 주요 사용자는 '군사정전위원회(Military Armistice Commission, MAC)'다. 군사정전위원회는 정전협정에 따른 이행을 감독하고 이를 위반한 사건들을 협의 처리하는 공동기구다. 하지만 군사정전위원회가 열릴 때, 한국군은 남쪽을 대표하지 못한다.

군사정전위원회는 남측과 북측 각각 다섯 명씩, 총 열 명으로 구성한다. 하지만 북측의 위원들은 북측 인민군 사령관이 임명하는 반면, 남측의 위원들은 유엔

남쪽에서 바라본 판문점 양쪽으로 늘어선 건물이 T2, T3다.

군사령관이 임명한다. 또한, 판문점의 북쪽 지역은 북의 인민군이 관리하지만, 남쪽은 한미연합사에서 관리한다.

한국전쟁 당시 이승만 정권이 스스로 한국군의 작전 지휘권을 연합군에 넘겼을 뿐만 아니라 정전협정에 반대하였기 때문에 전쟁의 당사자인 대한민국은 정전협정의 당사자가 되지 못했다. 그나마 1991년이 되어서야 군사정전위원회의 남측 대표가 한국군 장성으로 바뀌어 겨우 국가적 체면을 세울 수 있었다.

이승만 전대통령은 북진통일을 외치고 정전을 반대했다. 하지만 정작 전쟁이 나자 시민들 몰래 서울을 버리고 달아나면서 한강철교를 폭파했다. 고립된 서울 시민들은 꼼짝없이 서울에 고립되었다. 하지만 그는 다시 돌아와 부역자들을 색출하고 처벌했다. 이씨 왕조의 혈통에 집착하면서 권력만 탐하고, 국민을 지켜야 하는 순간에는 정작 자신의 안위만을 먼저 고려했던 지도자가 남긴 흑역사의 그림자는 깊고도 컸다.

2018년 4월 27일 9시 30분 군사분계선을 넘었던 문재인 대통령과 김정은 위원장은 남북정상회담을 하기 위해 남측에 있는 '평화의 집'으로 이동하였다. 이때까지

T2건물의 내부 모습 중간을 가르는 턱이 없어서 자유롭게 남북을 넘나들 수 있다.

평화의 집은 남북 간의 주요 회담을 준비하거나 사전 접촉을 위한 공간이었다.

그러나 이날 평화의 집은 남북의 정상이 직접 회담을 진행하는 장소가 되었다. 오후 5시 59분, 평화의 집 앞에서는 '한반도에 전쟁 없는 새로운 평화 시대의 개막을 천명하고 화해와 평화, 번영의 남북관계를 선언'한 '판문점 선언문'에 대한 서명식이 진행되었고, 오후 6시 30분에는 평화의 집 3층에서 공식 만찬이 진행되었다.

두 정상의 산책길,
도보다리

문재인 대통령과 김정은 위원장은 오전에 단독회담을 마치고 오후 4시 30분 기념 식수 행사를 진행하였다. 두 사람은 예전에 정주영 현대그룹 명예회장이 소 천 마리를 몰고 북쪽으로 갔던 그 길목에 1953년생 소나무 한 그루를 심었다. 나

—
함께 심은 나무와 '평화와 반영을 심다'라는 글귀가 새겨진 비석이 보인다. (ⓒ 통일부 판문점견학지원센터)

무를 심는 흙을 파는 데 사용된 삽은 남쪽에서 생산된 삽날로 만들어졌고, 나무의 뿌리를 덮은 흙은 백두산과 한라산에서 가져왔다. 그들은 식수한 소나무 앞에 '평화와 번영을 심다'라는 글귀를 새긴 비석을 세웠다. 정전협정이 체결된 해인 1953년부터 자라난 나무처럼 평화와 번영 속에서 점차 남북이 하나가 되어가길 기원한 것이다.

기념 식수 행사가 끝난 뒤, 오후 4시 43분, 문재인 대통령과 김정은 위원장은 함께 도보다리를 산책하며 담소를 나누었다. 짧은 산책과 간단한 인사말 나누기로 끝날 것이라는 세간의 예상과는 달리 두 사람의 도보거리 산책은 30분 동안이

4.27정상회담 때 남북정상이 함께 걸었던 도보다리의 모습(ⓒ 통일부 판문점견학지원센터)

나 이어졌다. 도보다리를 건넌 두 정상은 의자에 앉아 주변 사람들을 모두 물리고 오직 둘이서만 긴밀한 이야기를 나누었다. 이 장면이 언론을 통해 전 세계에 생중계되었고 도보다리는 세계적인 명소가 되었다.

하지만 도보다리는 본래 남쪽이나 북쪽 군 병력이 사용하지 않는 다리였다. 도보다리는 판문점 T1, T2, T3 회의실과 동편 중립국감독위원회 캠프 사이를 연결한 50m 길이의 작은 다리로, 이들 기관 소속 요원들이 사용하는 다리다. '도보다리'라는 명칭도 유엔사에서 사용하는 '풋 브릿지(Foot Bridge)'를 직역한 것이다.

그런데 이날 이곳에서 이루어진 두 정상의 산책과 대화는 도보다리를 유엔이 아니라 분단의 당사자인 남과 북을 잇는 다리라는 이미지로 바꾸어 놓았다. 이로서 판문점은 '널문리'라는 명칭에 담긴 희망처럼 실제로 남과 북을 잇는 다리가 되었다. 하지만 판문점에는 이런 상징적 의미에서 다리만 있는 것은 아니다. 실제로 남과 북을 잇는 다리도 있다. '돌아오지 않는 다리'와 '72시간 다리'가 그것이다.

냉전의 기억,
돌아오지 않는 다리·72시간 다리

공동경비구역 서쪽 널문리에는 사천강砂川江이 흐른다. 그 강을 건너는 다리가 '널문다리'다. 하지만 지금 이 다리는 '돌아오지 않는 다리'로 불린다. 1953년 정전협정 체결 뒤, 널문다리를 통해 양쪽의 포로 교환이 이루어졌다. 그 이후 널문다리는 애초 길을 잇는 다리로서의 의미를 상실하고, '한 번 건넌 포로는 다시 돌아갈 수 없다'라는 뜻을 가진 돌아오지 않는 다리가 되었다.

그렇다고 정말로 돌아오지 않는 다리가 된 것은 아니다. 이런 이름과 달리 돌아오지 않는 다리를 통해 돌아간 사람도 있었고, 다시 돌아온 사람도 있었다. 물론 1976년 돌아오지 않는 다리 남쪽 유엔군 제3초소 앞에서 도끼 사건이 일어나기 전까지는 말이다. 1968년 1월 원산 앞바다에서 나포된 푸에블로호(Pueblo號)의 승무원 82명은 12월 '돌아오지 않는 다리'를 건너서 돌아왔고, 남북 적십자회담 수석대표들도 이 다리를 통해 평양을 갔다가 돌아왔다.

그러나 1976년 이후, 돌아오지 않는 다리는 진짜 '돌아오지 않는 다리'가 되었다. 남측이 이 다리를 폐쇄하자 북은 판문점 서쪽에 새로운 다리를 만들었다. 그렇게 만들어진 다리가 '72시간 다리'다. 72시간만에 다리를 완공하였다고 해서 붙인 이름이다. 하지만 이들 다리는 '다리'가 아니다. 그들은 남과 북 양측에 의해

한국정책방송원, 만료저작물
한국정책방송원 2017 975(ⓒ 공유마당)

한국저작권위원회, 1954년 1월 판문점 포로송환에
맨 처음 도착한 중공군 반공포로들(ⓒ 공유마당)

철저히 이동이 통제되고 있기 때문이다.

현재 돌아오지 않는 다리는 남측 담당 지역인 평화의 집 뒤편에 있다. 반면 72시간 다리는 북측 담당 지역인 판문각 뒤편에 있다. 2018년 4·27 남북정상회담 당시 김정은 위원장이 사용했던 다리가 바로 이 72시간 다리였다. 그렇기에 비록 김정은 위원장이 72시간 다리를 이용했지만 이것은 북측의 관할 하에 있는 다리로, 돌아오지 않는 다리도, 72시간 다리도 여전히 반쪽짜리 다리일 뿐이다.

돌아오지 않는 다리도 72시간 다리도 제대로 역할을 하기 위해서는 서로에게로 달려갈 수 있게 길을 여는 다리가 되어야 한다. 특히, 돌아오지 않는 다리는 목포에서 시작해 서울과 개성, 평양을 거쳐 신의주까지 연결되는 1번 국도 위에 있다. 그렇기에 분단의 극복이란 다름 아닌 이들 다리가 가진 본래적인 역할과 역량을 회복해 비로소 '다리'를 '다리답게' 만드는 일인지도 모른다.

냉전 해체를 위한 남북 정상의 만남,
통일각

2018년 4월 27일 판문점에서 일어난 사건은, 역사상 처음으로 북쪽의 최고 지도자가 남쪽 땅을 밟았다는 데 그 의미가 있다. 게다가 군사분계선을 넘나드는 행위를 통해 두 정상은 전 세계인들에게 판문점을 진정한 평화와 화해의 공간으로 각인시켜 놓았다. 하지만 마치 마법처럼 진행되었던 이 날의 이벤트는 일회성으로 끝나지 않았다.

남북을 비롯하여 평화를 사랑하는 세계인들을 설레게 했던 제1차 북미정상회담이 서로 간의 설전舌戰 끝에 무산 위기로 빠져들었을 때, 다시 한번 기적같은 일이 일어났다. 2018년 5월 26일, 오후 3시부터 5시까지 판문점 북측의 통일각에서 제2차 남북정상회담이 열린 것이다.

통일각은 제1차 정상회담이 열렸던 '평화의 집'을 마주 보고 있는 북측의 건물로, '평화의 집'처럼 남북 간의 주요 회담을 준비하거나 예비접촉을 위한 공간이다. 제1차 정상회담에서는 문재인 대통령이 김정은 위원장을 초대하는 형식을 취했기에 '평화의 집'이 회담 장소가 되었다.

반면 이번에는 북쪽의 김정은 위원장이 문재인 대통령을 초대했기 때문에 북쪽 '통일각'이 회담 장소가 되었다. 게다가 제2차 정상회담은 국가 간의 의전이나 의제 등을 조율하는 사전 협의 없이, 정상회담에 관한 이야기가 나온 지 열두 시간 만에 결정된, 그야말로 '깜짝 회담'이었다.

5·26 남북정상회담에서 두 정상은 무산 위기에 빠진 북미정상회담을 다시 추진하는 방안을 논의하였다. 그 결과 6월 12일 싱가포르에서 역사상 처음으로 제1차 북미정상회담이 개최되었다. 그리고 김정은 위원장은 미국의 트럼프 대통령과 합의한 '싱가포르 합의문'을 발표했다. 그것은 한편의 극적인 드라마였다.

셀수스협동조합, 1971년_비무장지대 공동조사 북한군 미군(ⓒ 공유마당)
원래 DMZ는 충돌을 방지하기 위해 설치한 비무장지대로, 남북이 함께 관리해야 하는 지역이다.
2018년 정상회담 이후, 판문점과 DMZ에는 이런 모습이 한 동안 자주 연출되었다.

사실, 한반도에서 분단체제를 해체하는 일은 매우 어려울 수밖에 없다. 왜냐하면 한반도의 분단은 제2차 세계대전 이후, 거의 50여 년간 존속되었던 국제적인 냉전체제와 밀접하게 결합되어 있기 때문이다. 따라서 한반도에서 분단의 극복은 냉전에 대한 해체 없이 진행될 수 없다. 싱가포르에서 열린 북미정상회담은, 냉전의 적대적인 세력인 북과 미국이 한자리에 앉아 상호 적대적 관계를 청산하는 작업을 시작하였음을 의미한다.

또한, 2000년에 있었던 남북정상회담과 '6·15공동선언', 2007년 있었던 남북

'분단을 넘어 남북을 잇는 평화의 오작교'라는 말처럼 통일은 다름아닌
끊어진 길을 잇고, 서로가 함께 왕래하는 다리를 만드는 일인지도 모른다.

정상회담과 '10·4선언'은 남북관계를 평화와 화해의 분위기로 돌려놓았다. 하지만 그런 노력에도 다시 냉전으로 돌아갔던 것은 동북아에서의 국제적인 냉전에 대한 해체 작업이 이루어지지 않았기 때문이기도 했다. 그렇기에 북미정상회담의 개최는 분단을 극복하는 작업의 다른 한 축이 시작된 것이라고 할 수 있다.

2018년 9월 19일 제 3차 남북정상회담이 평양에서 개최되었고, '평양선언문'이 발표되었다. 이어 두 정상은 백두산 천지에 함께 올랐다. 하지만 냉전과 분단체제를 동시에 해체해 간다는 것은 결코 쉬운 일이 아니다. 동북아에 조성된 미/중 패권을 중심으로 한 신냉전체제는, 과거 동서 냉전체제 하에서 북─중─러라는 북방 삼각과 한─미─일이라는 남방 삼각의 대립이 북/미 대립을 계기로 다시 복원되었기 때문이다. 이런 점에서 북미 관계의 개선 없이 한반도의 분단을 극복하기란 불가능하다고 할 수 있다.

하지만 국제적인 냉전의 해체나 북미 관계의 개선만으로 분단 극복이 가능한 것도 아니다. 물론 북미 관계가 가장 중요한 요인이다. 하지만 분단체제는 분단

그 자체를 스스로 재생산하는 시스템을 가지고 있다. 특히, 한반도의 분단은 독일의 분단과 달리 골육상잔의 참혹한 전쟁을 겪었다. 이것은 전쟁 참여자 모두에게 깊은 상처를 남겼다.

게다가 남쪽 내부에도, 북쪽 내부에도 분단의 상처를 부추김으로써 자신의 권력을 강화하려 하거나, 이것에 휘말려 상대에 대한 적개심으로 분단폭력을 양산하는 사람들이 존재한다. 따라서 분단의 상처에 대한 치유 없이 이런 분단폭력을 제거할 수 없다. DMZ에는 이런 치유하기를 수행할 수 있는 장소들이 곳곳에 존재한다. 판문점 이외에도 그런 치유의 공간이 있다.

죽음에 대한 애도와 공감,
파주 북한군 묘지

판문점에서 나와 동쪽으로 길을 잡아 북쪽으로 올라가면 그동안 '안보 관광'에서는 볼 수 없었던 매우 독특한 공간을 만날 수 있다. 파주 적성면 답곡리 산 56번지에 있는 '북한군·중국군 묘지'다. 이 묘역은 1996년 6월 제네바 협약과 인도주의 정신에 따라 당시 대한민국 정부에서 조성한 '적군묘지敵軍墓地'다.

조성 당시 적군묘지로 불리던 이곳은 '북괴군·중공군 묘지'라는 이름으로 개칭되었고, 이곳에 있던 중국군의 유해가 송환되면서 지금의 이름으로 변경되었다. 파주 북한군 묘지의 묘역은 크게 북측 인민군 묘역인 제1묘역과, 인민군·중국군이 함께 묻혀 있었던 제2묘역으로 나뉜다.

그런데 특이한 것은 3,200여 평 규모에 달하는 이곳에 묻힌 이들은 한국전쟁 당시에 전사한 이들만이 아니라는 점이다. 제2묘역이 한국전쟁 당시 사망했다가 발굴된 이들의 무덤이라면, 제1묘역은 한국전쟁이 끝난 뒤 남북 분단체제에서 남

북한군 묘지 표지판

파되었던 무장 공비를 비롯하여 북쪽 공작원들이 묻힌 곳이다.

1953년 판문점에서 정전협정을 맺고 군사분계선이 세워지면서 한국전쟁은 일단 멈추었다. 하지만 그렇다고 전쟁이 끝난 것은 아니었다. 군사적인 직접적인 물리적 충돌이 없는 '세력균형으로서의 평화'라는 베일 뒤에서는 진짜 전쟁, '지속적인 군비경쟁이라는 냉전'이 진행되고 있었으며 심지어는 남북 누구도 공식적으로 인정하지 않으나 알고 있는 직접적인 물리적 충돌들까지도 일어나고 있었다.

제1묘역에 잠든 이들의 존재는 '휴전'이 결코 전쟁의 종결이 아니라 오히려 전쟁의 연속적인 과정이었음을 방증하고 있다. 김신조로 잘 알려진 1·21 침투 당시의 무장 공비를 비롯해 3사단 침투 무장 공비, 21사단 침투 무장 공비, 동해안 무장 공비, 남해안 반잠수정 무장 공비 등 이곳에 묻힌 이들은, 이 땅이 여전히 전쟁의 소용돌이 속에서 빠져나오지 못하고 있음을 보여준다.

'북한군 28'이라는 넘버링에 '소위 박기철', '1.21사태 무장공비'라는 묘비명이 새겨져 있다.

게다가 이곳에는 임진강·한강 표류 시체들도 묻혀 있다. 그들은 어디서 어떻게 죽어갔는지 알 수 없는 사람들이다. 그렇기에 이곳에는 이름도, 출신도, 나이도 모르는 수많은 무명인이 잠들어 있다. 죽어서도 그들은 자신이 살던 곳으로 돌아갈 수 없었고, 심지어 그가 누구인지도 모른 채 이곳에 묻혔다. 분단 때문에 자신이 사랑했고 자신을 사랑해주었던 사람들 곁으로 가지 못한 것이다. 그래서 구상具常 시인은 〈적군 묘지 앞에서〉라는 시에서 이곳을 "은원恩怨의 무덤"이라고 하면서 "어디서 울려오는 포성砲聲 몇 발"에 "나는 그만" "목놓아 버린다"고 했는지도 모른다.

과거 북한군 묘지를 관리했던 주체는 국방부였다. 그러나 2018년 12월 3일자로 관리 주체는 경기도가 되었다. 북한군 묘역의 관리 주체가 '군인'에서 '시민'으로 바뀐 것이다. 우리가 싸우는 군인의 관점에서 본다면 애도는 가능하지 않다.

—
북한군 묘지에 줄지어 들어서 있는 묘비들

하지만 시민의 입장에서 본다면 우리는 모두 다 존엄한 생명을 가진 인간이다. 그렇기에 시민의 관점에서 우리는 그들의 주검을 추모해야 하며 애도해야 하며 이곳을 치유와 평화의 공간으로 바꾸어가야 한다.

경기도는 '북한군 묘지시설 이관 관련 실무협의 회의'를 갖고 "국방부의 시설 관리 및 운영권 이전 요청을 평화 인도적 차원에서 전격 수용했다" 밝히면서 "북한군 묘역을 민족분단의 아픈 역사를 기억하고 평화의 소중함을 되새기는 '평화의 공간'으로 조성해 관리"하겠다는 포부를 밝혔다. 옳은 이야기다. 북한군 묘역은 전쟁과 분단으로 상징화되는 DMZ 접경지역에서도 유일하게 잘 조성된 '치유'의 공간이다. 그렇기에 이런 공간이 많아질수록 DMZ는 '전쟁과 분단'을 생산하는 공간에서 '평화와 치유'를 생산하는 공간이 되어야 갈 것이다.

평화의 바람을 타고 미래로

휴전을 맺었지만 우리는 전쟁 중이다. 분단국가는 우리에게 적과 싸우는 전사가 되라고 가르치고 명령해왔다. 그렇게 남북이 서로 대치하는 상황에서 적과 싸우는 전사가 되지 않는 사람들은 곧 '빨갱이'가 되어버리던 시절이 있었다. 심지어 정부를 비판했다고 '간첩(?)'이 되기도 했다. 이런 시절에 적군묘와 같은 묘지를 만들 수 있었던 것은 인간의 존엄에 대한 존중과 타인의 고통에 대한 공감이

통일인문학연구단 연구원들이 평화와 통일의 바람을 불어오길 기원하며
판문점에서 기념촬영을 하다.

사라지지 않고 우리 안에 남아있었기 때문인지도 모른다.

분단과 전쟁이 남긴 상처는 남쪽 사람들에게만 있는 것이 아니다. 이와 관련
된 모든 이들은, 분단과 전쟁 때문에 고통받았다. 그렇기에 그들을 애도하는 것은
나의 고통과 아픔을 애도하면서 나 자신을 치유하는 것이기도 하다. 적군묘지 앞
에서 누군가의 부모였고 자식이었으며 연인이자 친구였을, 그래서 너무나 소중했
을 그들을 생각해본다. 그들은 거대한 국가권력에 비해 너무나 작고 연약한 한 인
간이었을 뿐이다. 그렇기에 그들의 실존을 떠올리면, 그들이 겪은 고통과 아픔이
곧 나의 고통과 아픔으로 다가오게 된다.

하지만 증오와 원한의 감정에 사로잡힌 자들은 이런 자연스러운 인간의 감정
을 잃어버린 자들이다. 그들은 과거의 상처에 사로잡혀 그 감정만을 파먹고 살기
때문에 세상을 '선과 악' 오직 두 가지로 나누고, 악이라고 간주하는 자들을 완전
히 죽일 때까지 공격과 파괴를 멈추지 않는다. 그렇기에 그들은 인간성 자체를 상
실하고 그 스스로 '전쟁의 화신'이 된다. 복수의 감정은 그들의 폭력을 정당화하

임진각 평화누리(ⓒ 파주시청)

고, 그들의 전쟁을 선한 것으로 바꾸어 놓는다. 그렇기에 평화는 전쟁을 전쟁으로 억누르는 힘에서 나오는 것이 아니라, 오히려 치유와 화해, 소통을 만들어가는 것에서 시작된다.

역사의 새로운 장을 열었던 4·27 남북정상회담이 성공리에 끝나고 판문점 '평화의 집'에서는 만찬이 개최되었다. 이날 만찬에는 남북 두 정상과 영부인 김정숙, 리설주 여사를 비롯해 남측 인사 34명, 북측 인사 26명 등 총 60명이 참석하였다. 이들은 이 자리에서 '문배주'를 마시며 남북의 냉전을 녹이는 「바람이 불어오는 곳」을 함께 불렀다.

냉전과 분단을 해체하는 길이 진짜 가능할지 우리는 모른다. 하지만 그것만이 평화를 가져다줄 수 있다는 것을 우리는 알고 있다. 이날 만찬장에서 울려 퍼진 김광석의 노래가 다시 귓가에 들려온다. 남과 북이 냉전과 분단을 넘어 평화와 통일의 길을 열어가는 시도는 언제나 하나의 모험일 수밖에 없다. 그렇기에 4.27판문점 정상회담이 있었던 밤에 만찬장에서 울려퍼진 김광석의 노래가 다시 귓가에 들려온다. 그는 노래한다. 언제든지 실패할 수밖에 없는, 그래서 "설레임과 두려움으로 불안한 행복이지만" 그래도 거기에 우리들의 몸을 맡기고, "바람이 불어오는 곳", "눈부신 햇살이 있는 곳", "햇살이 웃고 있는 곳"으로 가자고 말이다. 그래서였을까, 임진각에 가면 무수한 바람개비들이 늘어선 바람의 언덕이 있다. 마치 판문점에서 울려퍼진 김광석의 '바람이 불어오는 곳'처럼 평화의 꿈을 꾸는 이곳에 그 바람이 불어오기를 기다리듯이 말이다.

정상회담과 정상회동 풍경

1) 제3차 남북정상회담과 9.19 평양선언

제3차 남북정상회담은 2018년 9월 18일부터 9월 20일까지 평양에서 열렸고, 평양선언문을 채택하였다. 그런데 2박 3일간 열린 제 3차 남북정상회담은 파격의 연속이었다. 그중에서 가장 파격적인 사건은 사진에서 보듯이 문재인 대통령이 능라도 5·1 체조경기장에서 평양시민들에게 연설했다는 것이다.

9월 19일 밤, 문재인 대통령 내외는 이곳에서 김정은 위원장과 함께 집단 체조 '빛나는 조국'을 관람하였다. 이후, 문재인 대통령은 김정은 위원장의 소개로 무대에 올라 약 15만 명의 평양시민들 앞에서 7분 동안 직접 육성으로 연설하였다. 이로써 문재인 대통령은 한국전쟁 이후 역사상 처음으로 평양에서 시민들을 상대로 직접 연설을 한 대한민국의 대통령이 되었다.

마치 한반도의 평화와 통일을 염원하듯이 남북 정상이 함께 올라던
백두산 천지의 하늘이 서서히 개이고 있다.

하지만 제3차 남북정상회담의 파격은 이것이 끝이 아니었다. 사진에서 보듯이 9월 20일 오전 10시 20분, 문재인 대통령과 김정은 위원장 내외가 각료 몇 명과 함께 백두산 천지를 방문하였다. 이들은 백두산 중턱까지 차로 이동한 이후, 궤도열차를 갈아타고 오전 10시 10분경, 백두산 정상인 장군봉에 도착했다.

이로써 문재인 대통령은 또 하나의 타이틀, 한국전쟁 이후, 북쪽 지역의 백두산 천지를 방문한 최초의 대한민국 대통령이라는 닉네임을 얻게 되었다. 모두가 2018년 판문점에서 이루어진 두 번의 정상회담과 2018년 제1차 북미정상회담이라는 탈냉전, 탈분단의 실천적 도정이 낳은 결과였다.

2) 2019년 남북미정상회동과 판문점

2018년 4·27 남북정상회담과 5·26 남북정상회담 이후 판문점이 다시 한번 세계인의 주목을 받게 된 것은 2019년 남북미정상회동 때다. 2019년 6월 30일, 문재인 대통령, 김정은 조선로동당 위원장, 도널드 트럼프 대통령이 판문점에서 만났다.

원래는 북미 회담을 위해 만나는 자리였는데, 문재인 대통령이 회동에 참석해서 3자 간의 만남이 이루어졌다. 이날의 만남은 짧은 3자의 회담 이후, 북미간의 정상회담이 53분 간 이어졌다. 문재인 대통령은 회담에 참여하지 않고 회동에만 참석해서 공식 명칭은 '남북미정상회담'이 아니라 '남북미정상회동'이라고 한다.

2019년 오사카 G20 정상회의가 끝난 뒤, 6월 30일 도널드 트럼프는 판문점을 찾았고, 오후 3시 45분 군사분계선에서 김정은과 손을 잡고 군사분계선을 넘어 북쪽으로 건너갔다 옴으로써 현직 미국 대통령으로는 처음 조선민주주의인민공화국 땅을 밟은 대통령이 되었다.

하지만 2019년 2월 하노이에서 열린 제2차 북미정상회담이 결렬되고, 상호

한국저작권위원회, 6.25, 광복절 074(ⓒ 공유마당)

판문점은 4.27남북정상회담의 한 장면처럼 남북의 사람들이 판문점에서 만나기를 꿈꾸는 공간이 되었다.

간에 대립이 격화되고 있던 시점에 갑작스럽게 열렸기 때문에 '깜짝쇼'와 같은 분위기가 주요한 흐름을 이루었다. 실제로 이후 북미 관계는 다시 냉전 상태로 회귀하였고, 더 이상의 진전된 이벤트는 없었다. 2020년 트럼프는 재선에 실패하였고, 대통령직에서 물러났다. 하지만 남북이 만들어가는 평화의 도정은 끝나지 않았다. 판문점은 그 기억을 아직도 생생하게 담고 있다.

11

적대의 땅에서 자라나는 곡식들과 평화의 바람

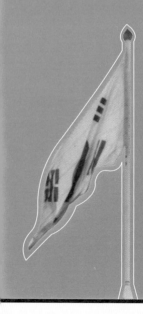

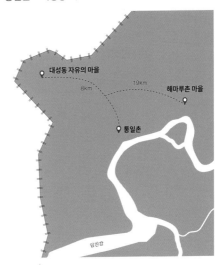

파주의 특산품 장단콩을 생산하는 마을, 통일촌
정전에서 체제경쟁으로, 대성동 자유의 마을
남북화해가 낳은 자연생태마을, 해마루촌 마을

_____ 파주는 남북 간 평화와 교류 협력을 만들어가는 중심지라 할 수 있다. 그것은 비단 판문점에서 2018년 '4·27 남북정상회담'과 '판문점선언'이 있었기 때문만은 아니다. 그전부터 파주는 이미 평화와 남북교류 중심의 역할을 묵묵히 해왔다. 남북의 화해와 협력을 만들기 시작하였던 2000년 '6·15공동선언' 이후 남북은 남북교류협력사업의 하나로, 개성공단 사업을 추진하였다.

_____ 2000년 8월 9일 양측은 '개성공업지구건설운영에 관한 합의서'를 채택하고 2003년 6월 착공하였다. 그리고 2004년 6월에 열여덟 개 기업이 입주함으로써 사업이 시작되었다. 그 후, 개성공단에 필요한 자본과 인력, 기술, 그리고 그곳에서 생산된 상품은 파주 도라산역을 거쳐 북쪽으로 올라가거나 남쪽으로 내려왔다.

_____ 하지만 파주는 남북이 임진강을 사이에 두고 서로 군사적으로 대치하고 있는 최전방이기도 하다. 그렇기에 이곳에는 평화만이 존재하지 않는다. 여기에는 전쟁이라는 극단적 폭력도 존재한다. 실제로 화기火器에서 불을 뿜는 것만이 전쟁은 아니다. 냉전冷戰은 말 그대로 차가운 전쟁이다. 남북은 지난 1953년 정전협정 체결 이후, 냉전을 이어가고 있다.

_____ 특히, 휴전선은 남북의 화력이 집중적으로 배치된 곳임에도 불구하고 'DMZ', 즉 '무장을 하지 않은 지역'이 있다. 이곳에서 남북은 체제대결을 벌였다. 북쪽의 '선전촌'과 남쪽의 '자립안정촌', '재건촌', '통일촌'으로 이어지는 '전략촌'은 그 자체가 냉전의 산물이자 체제대결의 상징이다.

_____ 파주에는 대한민국에서 유일하게 비무장 지대에 존재하는 마을인 대성동을 비롯하여 파주 통일촌, 해마루촌 마을 등 세 개의 마을이 조성되어 있다. 이들 모두가 냉전적 전략촌의 기능을 하고 있지만, 이곳에서도 삶의 온품은 쉬 찾아볼 수 있다. 대성동은 1953년에, 파주 통일촌은 1973년에 각각 조성되었다. 해마루촌 마을은 2000년 '6·15공동선언' 이후 남북의 평화적 분위기 속에서 꾸려졌다. 이 중에서 대성동은 DMZ 안의 최북단 마을이다. 파주 통일촌은 '장단콩'으로 유명해져서 콩을 재배하는 농민이 많은 가장 큰 마을이다.

파주의 특산품 장단콩을 생산하는 마을,

통일촌

파주의 '통일촌', '대성동', '해마루촌'은 모두 다 민간인이 출입할 수 없는 '민통선' 내부에 있다. 이 중에서도 파주의 자랑, 장단콩을 생산하는 일명 '장단콩 마을'이 바로 파주의 통일촌이다. 콩은 만주를 비롯하여 한반도 전역에서 생산되는 대표적인 작물이다. '장단'은 특정 지역의 이름인데, 지금 '장단콩'은 이곳 장단면에서 생산되지만, 한국전쟁 전까지는 경기도 장단군에서 생산되는 콩이었다. 전쟁 이후 대부분 북쪽 지역에 포함되면서 장단콩은 사라졌다.

파주 통일촌은 민통선 내부의 마을들이 대부분 그러하듯이 정부가 전략적으로 조성한 마을이다. 1959년부터 정부는 민통선 안에 99개의 '자립안정촌'을 건설하였고, 뒤이어 1968년부터 1973년까지 열두 개의 '재건촌'을 만들었다. 이곳 파주 통일촌은 1973년 '통일촌'이라는 이름으로 조성된 '선전마을'이다. 1972년 5월 '재건촌'을 보완하여 전략적 시범 농촌 마을을 만들라는 박정희 정권의 지시에 따라 세워졌는데, 1973년 8월 그동안 방치되었던 파주 백연리에 제대를 앞둔 하사관(오늘날의 부사관) 40세대와 예비군 자격을 지닌 원주민 40세대 등 총 80세대가 입주하여 땅을 개간하면서 시작되었다.

그들은 이곳에서 한국전쟁 후 사라졌던 장단콩 재배를 다시 시작하였는데, 이를 기반으로 하여 파주시가 브랜드 육성사업에 나서면서 장단콩은 이곳의 대표적인 특산물이 되었다.

파주 백연리는 임진강 하류에 있는 평야 지대의 마을로, 기름진 땅과 깨끗한 물을 가진 지역이었다. 분단 이전까지 장단군長湍郡에 속해 있었다. 과거 장단군의 대부분은 북쪽이었지만 그중 일부는 현재의 파주시와 연천군에 편입되었다. 파주시 장단면은 바로 이 지역을 가리킨다. 또한, 파주시가 내세우는 '장단콩'을 비롯

하여 '장단미', '장단삼'은 모두 이와 같은 지역 명칭에서 유래한 것이다.

하지만 이런 명칭은 허명虛名이 아니다. 예로부터 이곳의 쌀, 콩, 인삼은 하얀 쌀白米, 하얀 콩白太/白目과 하얀 인삼白蔘 등 '장단삼백長湍三白'이라 하여 왕에게 진 상되었다. 특히, 이곳의 흙은 화강암이 풍화되어 만들어진 물이 잘 빠지는 마사 토여서 인삼을 재배하는 데 유리하다. 그래서 인삼을 많이 재배하였다. 게다가 이 곳에서도 '개성 인삼'을 재배하면서 토질을 보강하기 위해 콩을 많이 재배했는데, 낮과 밤의 기온 차이가 커서 알이 굵고 알찬 콩을 수확할 수 있었다.

'장단콩'이 유명하게 된 것은 일제강점기인 1913년의 일이다. 일제는 장단 지 역에서 수집한 재래종 콩에서 '장단백목'이라는 장려품종을 선발해 전국적으로 이를 보급하였다. 그러나 현재는 이 '장단백목'이 아니라 그보다 더 좋은 품종인

'대원', '태광', '황금' 등이 보급되고 있다. 현재 이곳에서 생산되는 장단콩은 민통선 청정자연을 품은 콩으로, 대한민국을 대표하는 명품 브랜드가 되었다. 전쟁으로 파괴되고 군대에 의해 점령당한 땅에서도 농민들은 생명을 파괴하는 지뢰를 해체하고, 씨를 뿌리고 사람들을 먹여 살리는 곡식을 생산하였다.

정전에서 체제경쟁으로,
대성동 자유의 마을

흔히 민통선 안의 마을들을 '민북마을' 또는 '민통선 마을'이라고 한다. 이들 마을은 가장 서북쪽 끝자락에 있는 군내면 조산리의 대성동 마을로부터 시작한다. 이후, 백연리의 통일촌을 거쳐 초평도 위쪽인 파주의 동북쪽에 있는 진동면 동파리의 해마루촌 등 세 곳이 만들어졌다. 이 중에서도 대성동 마을은 DMZ 안의 최북단 마을로 판문점을 향해 가는 길에 있다. 대성동 마을은 '자유의 마을'로도 불리는데, 유엔군 사령부의 민사 규정과 대한민국 법률이 공동으로 적용되는 특수 지역으로, 행정 구역은 파주시에 속하나 민사 행정 및 구제 사업은 유엔군 사령부의 관리를 받고 있다. 마을의 주민은 거주 이전에 제약이 있고 토지 소유권이 인정되지 않으나 국방의 의무와 납세의 의무가 면제되며, 대한민국 정부로부터 각종 지원을 받는다.

대성동 마을은 남북을 가르는 군사분계선에서는 약 400m, 판문점과는 1km 떨어진 지점에 있다. 또한, 북의 개성과는 11.5km 떨어져 있어서 평상시 육안으로도 개성공단을 볼 수 있다. 대성동 마을에서 북쪽을 보면 불과 1.8km 앞에 북의 기정동機井洞 마을이 있다.

남쪽의 대성동 마을과 북측의 기정동 마을은 각각 서로를 '자유의 마을'과 '평

—
개성 송악산이 보이는 대성동 마을(ⓒ 파주시청)

화의 마을'이라고 부른다. 기정동 마을의 공식 명칭은 '개성특급시 평화리'다. 그런데 사실 대성동이라는 이름은 고려 말 대홍수로 떠내려온 모래가 마을 앞 개울에 산처럼 쌓여 하천 이름을 대성천臺城川이라고 칭한 데에서 유래하였다. 그리고 기정동은 '기계機'로 '우물井'의 물을 퍼 올려 붙여진 이름이다. 이 두 마을은 상호 체제경쟁의 산물이다.

1951년 10월, 정전 회담이 시작되었다. 하지만 정전협정이 체결된 것은 1953년 7월 27일이었다. 정전협정이 열리는 동안에도 양측은 치열하게 전투를 벌이고 있었고, 정전 회담이 열리는 판문점 지역을 전투로부터 보호하기 위해 양측은 훗날 남측의 대성동 마을과 북측의 기정동 마을이 되는 지역을 전투 지역에서 제외하였다.

본래 북쪽의 기정동 마을과 남쪽의 대성동 마을은 한 마을이었다. 그러나 정

대성동 마을(ⓒ 파주시청)

전협정이 체결되면서 양쪽 마을은 분단되었고, 급기야 남북의 체제를 선전하는 '선전마을'로 바뀌었다. 그래서 대성동 마을 주민들은 타지에서 온 사람들이 개척한 다른 민통선 마을들과 달리, 한국전쟁 이전부터 이곳에 살던 사람들의 후예다.

하지만 이렇게 분단된 이후, 두 마을은 남북 체제경쟁의 선전장으로 내몰렸다. 대표적으로 국기 게양대가 그러하다. 대성동 마을의 국기 게양대는 99.8m나 되며 이곳에서는 항상 태극기가 휘날린다. 그런데 북쪽은 더하다. 인공기가 걸려 있는 북측 기정동 마을의 게양대는 165m나 된다. 남북 체제경쟁이 유치한 높이 경쟁으로 진행된 셈이다. 하지만 파주시에는 체제경쟁의 산물인 민북마을만 있는 것이 아니다. 남북화해가 만든 마을도 있다. 대표적으로 해마루촌 마을이 그러하다.

남북화해가 낳은 자연생태마을,
해마루촌 마을

민통선 안에 있는 파주의 세 마을은 각기 다른 역사성과 특성이 있다. '대성동 마을'이 휴전협정의 유산이라면, '파주 통일촌'은 1973년 남북의 냉전이 극단으로 치닫던 시대에 국가에 의해 정책적으로 수행된 전략촌의 산물이다. 반면 '해마루촌 마을'은 남북이 처음으로 냉전을 해체하고 남북의 화해와 협력을 만들어갔던 '6·15공동선언' 이후, 2001년 화해 무드 속에 조성된 마을이다.

해마루촌은 새로운 감각의 자연생태 마을이다. 그래서인지 다른 민통선 마을과 다른 매우 이국적인 느낌을 준다. 민통선의 다른 마을과 달리 이곳의 집들은 유럽풍 가옥처럼 형형색색으로 꾸며져 있기 때문이다. 물론 대부분의 민통선 마을처럼 이곳도 마을과 농토를 구분하는 경계선에는 철조망이 설치되어 있고, 마

해마루촌 마을(ⓒ 파주시청)

을 언덕 위에는 감시탑이 서 있다. 또한, 마을 앞산을 오르는 길에는 붉은색으로 쓴 '지뢰' 위험을 경고하는 표시판이 걸려 있다.

해마루촌은 DMZ 남방한계선으로부터 2km 떨어진 지점에 자리를 잡고 있다. 해마루촌이 있는 진동면의 진동津東이라는 이름은 임진나루터의 동쪽에 자리하고 있다는 데에서 유래한다. 해마루촌 이름의 유래와 관련해서도 두 가지 설이 있다. 첫째, 동파리東坡里라는 이름을 우리말로 풀어서 '동東'은 '해'로, '파坡'는 언덕을 뜻하는 '마루'로 연결해 지은 이름이라는 설이다. 둘째, '해가 뜨는 마을'이라는 의미에서 '해마루촌'이라고 지었다는 설도 있다.

해마루촌은 마을의 모양이 높은음자리표 모양으로 조성된 전원주택 단지로, 60여 가구가 거주하고 있다. 마을을 천천히 걷다 보면 각종 야생초가 마당과 울타리를 빼곡하게 채우고 있으며, 공기가 맑고 깨끗하다. 이를 통해 이곳이 청정지역의 생태 마을이라는 것을 새삼 확인하게 된다. 마을에는 100여 종의 야생화가 꽃대궐을 이루고 있으며, 마을 앞 초평도에는 천연기념물 제203호인 재두루미를 비롯해 쇠기러기와 검독수리 등의 희귀 새들이 서식하고 있다.

해마루촌 마을 언덕 아래로는 임진강이 유유히 흐르고 있다. 그리고 초평도는 임진강 물줄기를 두 갈래로 나누며 강 한가운데 홀로, 외로이 쓸쓸하게 떠 있다. 임진강 개펄에는 다양한 모양의 야생동물 발자국들이 어지럽게 흩어져 있고, 유유히 흐르는 강물에는 물고기들이 노닐고 있다. 초평도 일대는 황복의 산란장으로, 어름치를 비롯한 80여 종의 민물 어종이 살고 있다. 초평도를 감싸고 임진강 위로 부는 바람이, 마치 얼어붙은 냉전을 녹이는 평화의 바람처럼 해마루촌을 향해 불고 있다.

옛 파주의 생활상을 더 알고 싶다면?

파주시 중앙도서관은 '파주 DMZ 및 옛 장단 지역 일원 역사 민속문화 기록화 사업'의 하나로 『파주 DMZ의 오래된 미래, 장단』, 『파주 모던타임즈 1950─1980』과 『대성동─DMZ의 숨겨진 마을』을 2021년 차례차례 발간하였다. 한국전쟁과 분단으로 인해 사라진 도시 '장단'의 흔적을 담아내기 위해 시작한 이 기록화 사업으로 일반인들이 좀더 쉽게 파주의 옛 모습을 접할 수 있게 된 것이다.

특히 국내외에서 수집한 사진 자료를 4부로 나누어 담은 사진집 『파주 모던타임즈 1950─1980』에는 파주의 옛 모습을 담은 자료 사진 350여 점을 수록하여, 근현대 파주의 시간과 역사를 생생히 감상할 수 있다. 현재 이 도서들은 비매품으로, 파주 중앙도서관 및 지역 도서관에서 직접 열람하거나, 대출해서 읽어볼 수 있다.

12

자유로를 타고 올라가는 자본의 물결

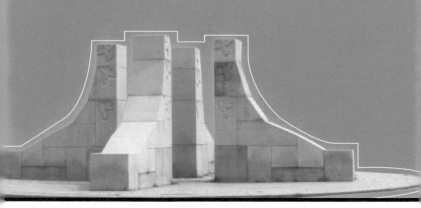

│ 파주출판문화정보산업단지 – 롯데 프리미엄아울렛 파
  주점 – 파주 프리미엄아울렛 – 통일동산 – 통일초등학
  교 – 경기미래교육 파주 체인지업캠퍼스– 헤이리 예술
  마을 – 프로방스 마을

한국 최대의 출판도시, 파주출판문화정보산업단지
소비의 공간, 롯데 프리미엄아울렛 파주점 – 파주 프
리미엄아울렛
통일사업의 흔적, 통일동산 – 통일초등학교
본말이 전도된 교육, 경기미래교육 파주 체인지업캠퍼스
예술이 생산-소비되는 곳, 헤이리 예술마을
유럽풍의 문화상업단지, 프로방스 마을

_____ 1950년 6월 25일 일어난 한국전쟁을 멈추기로 하면서 UN군과 북한·중국군은 1953년 7월 27일 정전협정을 체결하고, 쌍방이 군사분계선으로부터 각기 2km씩 후퇴한 비무장지대를 두기로 하였다. 오늘날 우리가 익히 보아온 DMZ, 즉 'De+Militarized Zone'이라는 비무장지대는 이렇게 탄생하였다. 그러나 비무장지대는 무장武裝을 하지 않는다는 원래의 의미와 반대로, 현재 남북의 화력이 집중되어 맞서고 있는 지역이다. 그렇기에 많은 사람이 자연스럽게 떠올리듯이 DMZ는 군대가 주둔하고 각종의 병기들이 일상에 섞여드는 곳이다.

_____ DMZ 접경지역이면서도 이와 전혀 다른 풍경을 가지고 있는 곳이 있다. 파주의 문산文山이다. 이곳에는 최첨단 산업단지와 대단위 아파트촌이 존재하며 거기까지 가는 길에는 고속화도로가 펼쳐져 있다. 서울의 마포구 상암동 가양대교 북단 교차로에서 출발하여 파주시 문산읍 자유 나들목까지 이어지는 도로의 이름은 '자유로自由路'다. 한자어를 그대로 풀면 말 그대로 '자유의 길'이다. 하지만 '도로'를 의미하는 '로路'와 붙여 읽으면, 연속된 발성이 마치 '자유로 가는 길'과 같은 효과를 불러일으킨다.

_____ 그래서일까? 자유로를 타고 올라가는 길에서 마주치는 풍경은 다른 어떤 DMZ 접경지역에서도 볼 수 없는 것들이 이어진다. 왼쪽으로는 서해로 빠져나가는 한강 하류가 펼쳐져 있고, 오른쪽으로는 논밭과 더불어 공존하는 도시가 펼쳐져 있다. 이곳에서 만나는 일상의 풍경은 여느 DMZ 접경지역과 같이 탱크와 전차, 중무장한 군인들을 태운 트럭의 행렬들로 이루어지지 않는다.

_____ 자유로의 끝에는 임진각 평화누리공원이 있다. 하지만 그곳으로 향하는 길에서 맨 처음마주하는 것은 파주출판문화정보국가산업단지다. 300여 개의 출판사가 모여 있는 이곳에는 북 카페와 갤러리, 그리고 신촌산업단지와 롯데 프리미엄아울렛 파주점과 같은 대형 쇼핑몰도 공존하고 있다. 그곳에서 북쪽으로 더 올라가면 파주프리미엄아울렛이 나오고, 그 안쪽으로는 통일초등학교와 영어마을로 유명했던 경기미래교육 파주 체인지업캠퍼스가 있다. 그리고 그 옆에는 헤이리 예술마을과탄현산업단지가 있다. 그렇기에 이곳에서 마주하는 것은 산업과 책, 예술과 소비 욕망의 경계가 뒤섞인, 스펙터클한 현대 자본의 도시다.

_____ 이 지역이 이런 모습을 갖추게 된 것은 역설적이게도 분단국가가 통일을 선전용으로 국가화하면서부터다. 1989년 노태우 정권은 '한민족공동체 통일방안'을 발표하면서 안보·관광단지로서 '평화시 건설구상'을 내놓았는데, 그 당시 정부가 염두에 둔 지역이 바로 이곳, 파주 탄현면 성동리, 법흥리 일대였다.

_____ 1990년 5월 10일, 이 지역은 특정 지역 및 개발촉진지구로 지정되었다. 그해 12월 조성사업실시계획에 대한 승인이 이루어져 공사를 시작하였다. 그 당시 주요 주제는 통일, 화합, 평화, 전통의 계승이었고, 개발 방향은 이산가족의 한을 달래는 만남의 장소 설치 및 통일-안보 의식을 고취하는 교육장 건설, 그리고 내방객을 위한 대중오락 공간 등의 건설이었다. 하지만 예산확보와 시설유치의 어려움으로, 자본 유치를 위해 토지이용계획을 변경하였고, 그 결과 1996년 4월부터 일반인에게 토지 분양이 이루어졌다. 이후 파주출판문화단지와 헤이리 예술마을 등이 조성되고 대형 아울렛이 들어서면서 이 일대는 관광특구로 거듭났다.

한국 최대의 출판도시,
파주출판문화정보산업단지

'파주출판문화정보국가산업단지'라는 거창한 이름을 가지고 있는 이곳은, 300여 개의 출판사가 집단으로 들어서 있는, 출판인들이 스스로 만든 '민간주도형 국가산업단지'다. 1989년 9월 5일 파주출판문화정보산업단지 건설추진위원회 발기인대회부터 시작하여 1997년 3월 31일 국가산업단지로 지정되었고, 2002년 상반기에 1차 입주가 이루어졌다.

또한, 2003년에는 파주출판도시의 도시적 목표 실현과 국제적 수준의 복합문화연구시설인 아시아출판문화정보센터의 운영을 담당할 재단법인으로 '출판도시문화재단'이 설립됨으로써 현재와 같은 상태의 골격을 갖출 수 있었다. 그리하여 이곳은 단순한 책 인쇄 및 발행이라는 목적뿐만 아니라 출판과 인쇄 그리고 문화가 결합한 문화콘텐츠 생산지로서 역할을 하고 있다.

특히 이곳의 건축물들은 건축과 주변 환경이 조화를 이루는 환경친화적인 생태 도시 모델을 지향하는 방식으로 설계되어 건축상을 받기도 했다. 대표적으로 파주출판문화정보국가산업단지 중앙을 가로지르는 갈대 샛강에는, 한강 하류의 낮은 습지로, 각종의 희귀조류와 다양한 철새들이 살고 있다. 그래서 애초 이 지역을 설계할 때, 갈대 샛강의 원형을 그대로 두고 강의 양쪽에 건물과 도로를 배치하였다.

게다가 건축에서도 미학적 측면을 강조하였다. 그렇기에 이곳에는 건축미가 돋보이는 출판사 사옥과 책방, 그리고 출판사가 운영하는 각종 갤러리와 북 카페 및 공연장과 이벤트 공간 등이 있다. 이곳은 전체적으로 출판사·인쇄소·제본소 등이 있는 생산지구, 서점·도서관·유통창고·은행 등이 있는 유통센터, 전시장·박물관·출판연구소 등이 있는 문화센터로 구성되어 있다. 그밖에 아시아출판문화

정보센터와 출판물 종합유통센터, 독서문화공간인 '지혜의 숲' 등과 같은 기타 단지들이 출판도시를 함께 이루고 있다.

사람들은 이곳에서 책을 살 수도 있고, 아이들과 함께 커피를 마시고 책을 볼 수도 있다. 게다가 다양한 공연을 감상할 수도 있다. 이곳에서는 국내외에서 주관하는 각종 문화행사가 매년 열리고 있다. 대표적으로 '동아시아 책의 교류'와 '파주 북시티 어린이 책 잔치' 등과 같은 행사들이 열렸다. 이처럼 이곳에서는 책과 영화, 책과 교육 등이 만나고, 책과 커피, 책과 환경이 만나고 있다. 그렇게 책은 현대인들의 소비 욕망을 자극하는 콘텐츠가 되어가고 있다.

예로부터 책은 지성과 품위를 상징하는 대표적인 매체였다. 그것은 현대에 와서도 마찬가지다. 단단한 장정판으로 제본되고, 감각을 자극하는 다양한 디자인으로 포장된 책들은 이제 내용을 전달하기 위한 도구로서의 위치에만 머물지 않는다. 표지부터 시작하여 내부의 편집 디자인까지 책은 좀 더 고상해지고 싶은 현대인들의 욕망을 충족시키는 문화상품이 되어가고 있다. 따라서 파주출판문화정보국가산업단지는 그런 상품화의 첨단기지이기도 한 셈이다.

소비의 공간,
롯데 프리미엄아울렛 파주점
– 파주 프리미엄아울렛

현대 자본주의가 소비하는 '책'의 첨단기지라 할 수 있는 파주출판문화정보산업단지 맞은편에 있는 '롯데 프리미엄아울렛 파주점'과 자유로를 따라 북쪽으로 더 올라가다 만나는 '파주 프리미엄아울렛'은 책처럼 뭔가 고상하고 지적인 것으로 여겨지는 이미지의 덧씌움 없이 날것 그대로의 소비 욕망을 한껏 부추기는 공간이다. '롯데 프리미엄아울렛 파주점'은 롯데백화점이 2011년부터 운영하는 교외형 재고 전문 판매점이며, '파주 프리미엄아울렛'은 2011년 신세계그룹과 미국의 부동산 개발 회사인 사이먼 프라퍼티 그룹(Simon Property Group)의 합작법인 신세계사이먼이 만든 교외형 재고 전문 판매점이다.

'아웃렛(Outlet)'은 백화점이나 제조업체에서 판매하고 남은 재고상품이나 비인기상품, 하자 상품 등을 정상가의 절반 이하의 매우 싼 가격으로 판매하는 곳을 의미한다. 하지만 지금의 아웃렛은 국내에서 생산된 상품들을 싸게 파는 곳이 아니다. 대부분의 아웃렛은 외국의 유명상품을 수입해 판매하고 있으며, 브랜드가 알려진 국내 상품들만을 대상으로 하고 있다. 이곳에서 사람들의 소비 욕망을 자극하는 것은, '명품'이라는 브랜드(brand)다.

파주프리미엄아울렛(ⓒ 경기도)

영어, 'brand'는 노르웨이의 고어 'brandr'에서 나왔다. 그 원래 뜻은 '태운다(to burn)'이다. 옛날 노르웨이의 목동들은 자신이 키우는 소나 양 등에 낙인을 찍어 자신의 소유를 표현하였다. 오늘날 브랜드는 생산자나 판매자가 자신의 제품이나 서비스를 다른 것들과 구별 짓기 위해 붙인 이름 또는 상징물의 결합체다. 그런데 전 세계가 서로 연결되면서 각국에서 생산되던 제품들이 국적을 가리지 않고 판매되었고, 이른바 '명품'으로 불리는 브랜드 제품들은 국경을 넘어 상품적 가치뿐만 아니라 사회·문화적 가치까지도 대표하게 되었다.

이곳의 아울렛들이 문화센터, 전시관, 영화관, 유아 놀이시설, 야외놀이터 등과 같은 문화시설과 휴게시설을 갖추고 있다고 해서 그 근본적인 성격이 달라지지는 않는다. 문화시설과 휴게시설은 사회 환원이나 공공 편의 제공의 측면에서 마련된 것이 아니다. 이런 시설들은 이곳을 방문하는 고객들을 편하게 만들어 더 오랜 시간을 소비하도록 하고, 자주 방문할 수 있도록 해서 더 많은 상품을 소비하도록 만드는 장치에 지나지 않는다.

현대 사회에서 특정 브랜드는 소비자의 사회적 위치 및 가치를 결정한다. 인격이나 문화적 소양이 그의 존재론적 가치를 결정하는 것이 아니라, 그가 소유한 가치가 역으로 그의 존재론적 가치를 결정하는 셈이다. 마치 문화시설이나 휴게시설이 소비를 위한 장치이듯 현대 사회의 문화는 소비의 한 부분이자 나아가 소비 그 자체가 되었다.

통일사업의 흔적,
통일동산 – 통일초등학교

파주에서 만나는 '롯데 프리미엄아울렛 파주점'과 '파주 프리미엄아울렛'은 소비의 욕망을 날것 그대로 보여준다는 점에서 오히려 정직하다. '파주출판국가산업단지'가 '출판+산업'이 되듯이 자본은 모든 것을 상품화한다. 모든 것을 자본화하는 이 길 위에서 독특함을 넘어 기묘하게 보이는 것은 '통일동산'과 '통일초등학교'와 같은 '통일' 관련 콘텐츠들이다. 이곳의 시작이 국가 정책에 의한 것이었기 때문에 벌어진 현상이다.

하지만 애초 국가가 원했던 모습과는 다르게 '통일동산'은 매우 축소된 방식으로 이 길의 한쪽에 자리를 잡았다. 사실, 통일동산과 통일초등학교는 북방정책을 펴면서 북방 삼각을 형성했던 북—중—러와 정상적인 외교관계를 수립하고, 남북 UN 동시 가입을 성사시켰던 노태우 정권이 남긴 역사적 흔적이라고 할 수 있다.

노태우 정권은 동서 냉전체제가 무너지던 당시, 한반도에서 북방 삼각 대 남방 삼각이라는 국제적 냉전을 해체하는, 북방 삼각과 대한민국 사이에서 평화라는 공적을 쌓아 올렸다. 이를 바탕으로 노태우 정권은 공세적인 방식으로 '평화시市 건설'을 제안하였다. 하지만 평화시의 역사적 흔적은 초라하게 남은 '통일동산'

으로 축소되었고, 2000년에 개교한 통일초등학교만 남아있을 뿐이다. 통일동산이 그렇듯이 통일초등학교도 '통일'로 특화된 것은 아니다. 오히려 이 학교는 영화교육 연구학교로 지정되어 영화 감상 및 제작 활동 등을 주로 하고 있다.

안타까운 점은 이곳들도 자본의 물결에 잠겨 역사적 의의를 잊어가고 있다는 사실이다. 통일동산에 올라 파주시를 바라보면 보이는 것은 대형 쇼핑몰과 러브호텔, 그리고 음식점들뿐이다. 2000년 일산 신도시에서 러브호텔 반대 운동이 시작되자 러브호텔들이 대거 이곳으로 옮겨 왔고, 음식점들도 따라 들어섰다. 계획상 통일전망대 앞 만남의 광장이 들어설 예정지에는 현재 축구 국가대표팀 트레이닝센터가 들어섰고. 만남의 광장 옆 대형주차장은 자동차 극장으로 바뀌었다. 또한, 통일 관련 서적 및 사진과 그림 등을 전시하는 공간으로 계획되었던 서화촌 부지에는 '헤이리 예술인마을'이 들어섰고, 관광휴양 및 연수 시설 용지에는 '영어마을'이 들어섰다. 그렇기에 '이산가족의 한'과 '통일의 꿈' 대신에 이곳을 찾아든 것은 자본이었다고 말할 수 있다.

본말이 전도된 교육,
경기미래교육 파주 체인지업캠퍼스

자본은 모든 것을 상품으로 바꿔 놓는다. 통일동산을 조성하는 데 실패하자 대신에 들어선 것은 '영어마을'이었다. 지금은 '경기미래교육 파주 체인지업캠퍼스'로 바뀌었지만, 한때 이곳은 대한민국을 대표하는 영어마을이 있었다. 이곳은 일상생활에서 영어만 사용해야 하는, 한반도 안에 존재하는 '미국'이었다. 일제시대, 우리는 한국어가 아닌 일본어 사용을 강요받았다. 해방을 맞이한 지 오랜 시간이 흐른 땅에서 한국어가 아닌 영어 사용을 강요받는다는 사실은 새삼 놀랍기

경기미래교육 파주 체인지업캠퍼스(ⓒ 경기도)

만 하다. '오렌지'가 아닌 '어륀지'를 자랑스레 말하는 것처럼, 부모들이 아이의 영어 능력에 미래가 걸려 있다고 생각하기 때문에 가능한 일이었다.

하지만 이곳을 따라 전국 각지에 우후죽순 영어마을이 만들어졌고, 차차 영어마을을 찾는 사람들이 줄어들면서 이곳도 명성을 잃어가고 있다. 이제 이곳은 영어교육만이 아니라 '평생교육'을 내걸고 이름도 '체인지업캠퍼스'로 바꾸었다. 여기에 더해서 2017년부터 제4차 산업혁명 시대에 부합하는 창의력 있는 인재를 키우겠다는 목표를 내걸었다. '평생교육'에서 '4차 산업혁명'까지 목표가 넓어진 것이다. 'change up'은 '바꾸다'라는 뜻이 있다.

교육은 무엇을 바꾸는 게 아니다. 특히 사람을 상대로 하는 교육은 강제로 사람을 바꾸어내는 것이 아니다. 강제로 무엇을 바꾸는 것은 '개조'에 가까우며, 강제로 사람을 바꾸는 것은 폭력에 가깝다. 진정한 교육은 각자 개인이 가지고 있는 내적 잠재력을 발휘할 수 있도록 안내하는 것이 아닐까? 이렇게 거대한 국가적 목표를 내세우고 사람들을 '바꾼다'라는 이름을 어떻게 읽어야 할지 난감하다.

예술이 생산-소비되는 곳,
헤이리 예술마을

통일동산 위쪽에 자리 잡은 '헤이리 예술마을'은 파주출판문화정보국가산업단지와 함께 파주시가 내세우는 문화도시의 한 축을 형성하고 있다. 헤이리 예술마을은 작가, 미술가, 영화인, 건축가, 음악가 등 뜻을 같이하는 예술인들이 1994년부터 모여 구상하기 시작했다. 그렇게 해서 이곳에 집과 작업실, 미술관과 박물관, 갤러리 등의 문화예술공간을 짓고 입주함으로써 마을이 조성되었다. 또한, 헤이리라는 이름은 파주지역에 전해 내려오는 전래농요傳來農謠인 「헤이리 소리」에서 따왔다고 한다. 이 노래는 "어허허허 허허이 허허야 헤헤이 헤, 헤이리 …"로 시작한다. 그래서 '헤이리'라는 이름을 부르면 「헤이리 소리」의 곡조가 선율을 따라 흐른다. 지명이 노래가 되고, 노래가 지명이 된다. 문화예술인들의 마을 이름답다.

헤이리 예술마을은 파주출판문화정보국가산업단지가 그러하듯이 생태와 문화가 조화로운 생태-문화도시를 추구하고 있다. 마을의 전체면적 중 약 30%가 녹지다. 산의 능선과 그 사이의 평지, 하천, 늪지 등의 생태환경을 살려 마을을 조성하였고, 건물들 사이에 울타리나 담장을 치지도 않는다. 광장과 보행자 전용도로에는 흙이나 목재 데크를 사용해 야생초가 자랄 수 있도록 하였으며, 건물 외벽에 페인트를 칠할 수 없다. 또한, 헤이리 내의 모든 건축은 건설위원회에서 관장하며 자체 건축설계 지침에 따라 모든 사람이 건물을 세우도록 규정해 놓고 있다. 마을 자체가 하나의 작품이 되도록 한 것이다.

하지만 헤이리 예술마을이 조성되고 사람들이 이곳을 찾는 이유는 무엇보다도 먼저 이곳에서 예술인들의 창작 활동 및 생활을 직접 볼 수 있기 때문이다. 이 마을은 문화와 예술을 위한 목적으로 만든 예술인마을이다. 이들은, 자유롭고 안정적인 창작과 교류 활동을 할 수 있는 이상적인 예술 공동체를 꿈꾸며, 이곳 마

—
헤이리 예술마을(ⓒ 경기도)

을 조성 작업에 참여하였고 집단으로 이주했다. 그렇기에 이곳은 신축 건물 면적의 60% 이상을 전시 공연 작업실이나 교육장 등의 문화시설로 만들어야 한다. 즉, 헤이리 예술마을은 예술인들의 일상생활과 창작 활동 및 생산과 소비가 통합된 '복합주거공간'을 추구하고 있다.

헤이리 예술마을은 도시와 건축, 자연과 문화가 어우러진 공간이자 다품종소량생산 시대에 부합하는 다양한 문화적 콘텐츠들을 가지고 있는 마을이기도 하다. 헤이리 문화지구의 회원들은 주로 미술가, 음악가, 작가, 건축가 등의 예술가들 중심이며, 마을에는 갤러리, 박물관, 공연 소극장, 아트샵, 서점, 게스트하우스, 레스토랑, 카페, 오픈작가공방 등이 들어서 있다. 이곳을 찾는 사람들은 한국근현대사박물관과 화폐박물관 등을 관람할 수 있고,. 다양한 공방들에서 직접 창작 활동을 체험할 수도 있다. 하지만 이제 이곳을 지배하는 것은 다양한 문화, 예술 그 자체가 아니다.

도시의 버려진 땅에서 시작된 예술인들의 도시재생 활동이 시간이 흐르면서 자본에 의해 점령되고 상품관광지구가 되듯이, 이곳 또한 자본의 욕망을 피할 수 없게 되었다. 이곳을 지배하는 것은 상품화. 자연과 어우러진 도시건축조차도 이곳에서 상품이 되며, 예술가들의 일상생활과 창작행위도 상품처럼 소비된다.

이곳 헤이리 예술마을을 들여다보면, 조금 기묘한 풍경을 만나게 된다. 헤이리 예술마을 어린이 놀이시설과 상점 앞에 세워진 동상이다. 20세기 냉전의 유물인 '나는 공산당이 싫어요'라고 외쳤다는 이승복 동상은 어딘지 모르게 예술마을과 부조화를 일으킨다. 다양성을 생명으로 하는 문화예술인 마을에서 마주치는 반공의 상징인 이승복은, 자본에 의해 보이지 않게 흡수한 이곳의 풍경만큼이나 자가당착적이다.

유럽풍의 문화상업단지,
프로방스 마을

헤이리 예술마을을 지나 북쪽으로 더 올라가면 '프로방스 마을'이 나온다. 마치 유럽의 어느 도시를 옮겨 놓는 것 같은 풍경이 매우 이색적인 느낌을 준다. '프로방스(Provence)'는 프랑스의 옛 지명으로, 현대 프랑스의 프로방스알프코트다쥐르지방 외에도 프랑스 남동부와 이탈리아 북서부 일부 땅을 포함하는 프랑스-이탈리아 접경지역을 가리킨다. 오늘날에도 많은 사람이 포도주와 음식을 먹기 위해 이곳을 찾고 있을 정도로, 유럽에서도 식문화가 발전해 있는 곳 중 하나다. 파주의 프로방스 마을은 바로 이 마을을 모방하는 방식으로 가꾸어졌다.

하지만 파주 프로방스 마을은 헤이리 예술마을처럼 예술가나 요리사들이 특별한 뜻이 있어서 만든 마을은 아니다. 프로방스 마을은 1996년 8월 이탈리아 음식점인 '프로방스 레스토랑'이 자리를 잡고 장사를 시작하면서 주변에 도자기 공방과 빵집, 카페와 생활용품점 등이 자연스레 들어서면 조성된 '문화상업단지'다. 2006년 확장 공사를 마치면서 이곳은 프로방스 지방의 분위기와 생활양식을 공식적으로 표방하기 시작하였고, 2017년에는 설립 20주년을 맞아 대규모 공사를 진행하고 이를 기반으로 하여 현재와 같은 상업 지구의 모양새를 갖췄다.

프로방스 마을에는 한식과 양식, 일식 등을 취급하는 다양한 음식점들이 있다. 파스텔색 건물에는 의류와 생활용품 및 각종 소품을 판매하는 상점들이 영업하고 있다. 야외정원과 온실에는 휴식공간과 함께 수제 향수 만들기나 캐리커처 만들기와 같은 체험을 할 수 있는 공간이 마련되어 있다. 바로 이곳에서 2011년 겨울부터 매년 '파주 프로방스 빛 축제'가 열린다. '평화시' 구상으로부터 출발한 자유로 주변의 문화예술 도시들은 이렇게 문화와 예술들을 상품화하고 있다. 여기서는 모든 것들이 팔고 사는 상품이 되었다.

'파주출판도시'에서 시작한 문화예술의 도시 파주는 롯데 프리미엄아울렛 파주점과 파주 프리미엄아울렛을 거쳐 헤이리 예술마을과 프로방스 마을에 이르면서 묘한 위화감을 만들어낸다. 명품에 대한 날 것의 욕망은 문화예술로 포장되고, 유럽의 이국적 풍광마저 먹고 마시는 일차원적 욕망으로 소비되는, 그리하여 자본에 포획된 욕망이 넘쳐나는, '강남'의 에피고넨이 되어버리고 만다. 물론 자본이 부추기는 욕망은 인간의 감각을 활성화하고 문화적 다양성을 습득하는 감성의 발달을 가져다주기도 한다. 그러나 거기에 과연 '통일'로 가는 길이 있을까?

자유로를 타고 올라가는 자본의 물결은 사람들의 욕망을 집어삼킨다. 자본에 잠식당한 욕망은 모든 사람에게 내재되어 있는 고유한 특성을 가리고, 겉으로 드러나는 것들을 통해 사람을 평가하게 만들고 있다. 이 자본의 물결이 무서운 것은 분단의 장벽이 무너지는 날부터 자유로의 북쪽으로 흘러갈 것이 분명하기 때문

파주 프로방스 마을(ⓒ 경기도)

이다. 이곳 자유로 위를 자본으로 덮어버린 것과 마찬가지로 더 북쪽으로 올라간 자본의 물결이 꾸며내는 외양들과 편리함들은 그것이 진정한 '자유'인 것처럼 행세할 것이다. 단지 상품에 지나지 않는 것들이 그 사람의 가치를 내보이는 것처럼 되어버린 이 곳에서와 같이.

자유는 자기 스스로自에게서 말미암음, 또는 유래함由이다. 따라서 자유는 생산–소비의 자유, 시장의 자유가 아니라 그 소비와 생산이 자기 자신 즉, '나'로부터 나오는 것임을 기억해야 한다. 자본으로 인해 전치轉置되어 있는 세상에서 진정한 가치를 잊지 않기 위해서 말이다.

'파주출판문화정보산업단지' 톺아보기

앞에서 살펴보았듯 파주출판문화정보산업단지는 공식 명칭이다. 세간에서 이곳을 부르는 이름은 '파주출판도시'다. 공식 명칭이나 세간에서 부르는 이름에서 볼수 있듯이 이곳은 '책'과 관련된 거의 모든 것을 보고 느낄 수 있다.

파주출판도시 탐방의 중심은 '지혜의 숲'이다. 아시아출판문화정보센터 1층에 있는 지혜의 숲은 일종의 도서관이라 할 수 있다. 지혜의 숲은 '지혜의 숲 1', '지혜의 숲 2', '지혜의 숲 3'으로 나뉘는데, 각각의 공간이 자기만의 독특한 성격을 드러낸다.

지혜의 숲 1은 학자, 지식인, 연구소 등에서 기증한 도서를 모아놓은 곳이다. 기증자 혹은 기증처의 연구 분야에 따라 문학, 역사, 철학, 사회과학, 자연과학, 예술 등 다양한 분야와 다양한 시대의 인문학 관련 도서들이 모여 있어서 방문자의 관심 영역에 따라 깊이 있고 연결성 있는 독서가 가능하다.

지혜의 숲 2는 여러 출판사에서 기증한 도서들을 모았다. 한국을 대표하는 출판사들이 출판한 책들이 모여 있어, 특정한 주제별 분류가 아닌 출판사의 성격에 따른 분류라는 게 특징이다. 그래서 어른뿐만 아니라 어린이들이 읽을 수 있는 책들도 따로 분류되어 있다.

지혜의 숲 3은 이곳에서 운영하는 '라이브러리스테이 지지향'이라는 게스트하우스의 로비다. 책과 관련된 곳답게 이곳에도 다양한 책들이 비치되어 있어 독서가 가능하며, 숙소의 로비로서 책과의 만남뿐만 아니라 다른 사람들과의 만남도 함께 어우러지는 공간이다.

잠시 언급한 게스트하우스뿐만 아니라 헌책방, 서점, 편의점, 식당, 카페 등이

—
파주출판문화정보산업단지 지혜의 숲 1관(ⓒ 대한민국역사박물관)

같은 건물에 있어 편의성이 높다는 점 또한 이곳의 장점이라 할 수 있다. 파주출판도시에는 지혜의 숲뿐만 아니라 다양한 문화공간이 마련되어 있다. 헌책방은 물론이고 고서점과, '활판인쇄박물관' 등 책의 역사를 살펴볼 수 있는 박물관과 다양한 갤러리들도 들어서 있다.

지혜의 숲에 있는 수많은 책꽂이는 사람의 손이 닿지 않을 만큼 높은 곳에까지 책을 진열해 놓았다. 그 곳에는 다양한 색과 화려함으로 무장한 책들이 눈길을 사로잡는다. 그런 책들은 잡기도 쉽게 우리의 눈높이 정도에 배치되어 있기도 하다. 하지만 쉽게 잡을 수 있는 책이 아니라 손이 닿지 않을 높은 곳에 있는 먼지 쌓인 책이 내 삶을 풍요롭게 만드는 '지혜'를 담고 있을지도 모르는 일이다. 수많은 책 속에서 그런 지혜를 담고 있는 보물을 찾는 경험을 할 수도 있다는 것이 파주출판문화정보산업단지의 가장 큰 매력일지도 모른다.

| 이미지 출처 |

본문의 사진이나 이미지 자료 중 별도의 출처표기가 없는 사진은 건국대학교 통일인문학연구단 DMZ연구팀에서 촬영 또는 그린 것임을 밝힙니다.

더불어 공공누리 유형 표기가 없는 자료들은 파주시청, 통일부 판문점견학지원센터의 허락을 받아 게재한 것으로, 협력에 깊은 감사 인사를 전합니다.

마지막으로 저작권 권리처리된 자료제공 플랫폼인 공유마당의 자료는 원저작자를 밝히고 각 자료 밑에 공유마당으로 출처를 밝혔으며 공공누리 유형표기 및 출처는 다음의 표와 같습니다.

장번호	쪽수	사진명	출처	공공누리 유형
1	9	파주 삼릉 위치	문화재청 국가문화유산포털	1유형
1	17	파주 영릉	문화재청 국가문화유산포털	1유형
1	17	파주 영릉 비각	문화재청 국가문화유산포털	1유형
1	18	소령원 전경	문화재청 국가문화유산포털	1유형
1	19	파주 소령원 신도비	문화재청 국가문화유산포털	1유형
1	21	파주 수길원 전경	문화재청 국가문화유산포털	1유형
1	23	파주 장릉 전경	문화재청 국가문화유산포털	1유형
2	32	운계폭포	경기도청	1유형
2	44	용상사 석불좌상	문화재청 국가문화유산포털	1유형
2	45	검단사 목조관음보살좌상	문화재청 국가문화유산포털	1유형
3	51	석인 정태진 선생 초상	파주시청	3유형
3	54	윤관 장군 영정	파주시청	3유형
3	58	국보 제319-1호 동의보감	문화재청	1유형
3	59	허준 묘	파주시청	3유형
4	74	제3땅굴(좌)	파주시청	3유형
4	76	도라산전망대	파주시청	3유형
5	91	파주향교 동재, 서재	문화재청 국가문화유산포털	1유형
5	92	파주향교 명륜당	문화재청 국가문화유산포털	1유형
5	95	교하향교 대성전	문화재청 국가문화유산포털	1유형
5	96	교하향교 전경	문화재청 국가문화유산포털	1유형
5	97	교하향교 동재	문화재청 국가문화유산포털	1유형
9	161	풍납리토성	문화재청 문화재정보	1유형

장번호	쪽수	사진명	출처	공공누리 유형
9	163	파주 오두산성	문화재청 문화재정보	1유형
9	163	동측하단성벽	문화재청 문화재정보	1유형
9	163	오두산 출토 토기편	문화재청 문화재정보	1유형
11	206	파주 통일촌	대한민국역사박물관 근현대사아카이브	1유형
12	219	파주출판문화정보산업단지	대한민국역사박물관 근현대사아카이브	1유형
12	221	파주프리미엄아울렛	경기도	1유형
12	224	경기미래교육 파주 체인지업캠퍼스	경기도	1유형
12	226	헤이리 예술마을	경기도	1유형
12	229	파주 프로방스 마을	경기도	1유형
12	231	파주출판문화정보산업단지 지혜의 숲 1관	대한민국역사박물관 근현대사아카이브	1유형

| 건국대학교 통일인문학연구단 DMZ연구팀 소개 |

건국대학교 통일인문학연구단은 '소통, 치유, 통합의 통일인문학'과 '포스트 통일 시대의 통합적 코리아학'이라는 아젠다 연구를 수행하고 있는 인문학 분야의 유일한 통일 관련 연구소이다. 문학, 역사학, 철학 등의 인문학을 중심으로 정치학 및 북한학 등이 결합한 융복합적 통일 연구를 진행하면서 다양한 사회적 실천 사업도 진행 중이다. 또한 건국대학교 대학원 통일인문학과 및 문과대학 통일인문교육연계전공 등을 운영하면서 교육 및 후속 양성에도 힘쓰고 있다.

DMZ연구팀은 통일인문콘텐츠 개발의 일환으로 추진된 'DMZ디지털스토리텔링 연구'(2015~2016년), 'DMZ투어용 앱 개발'(2016~2019년) 등을 진행한 통일인문학연구단 산하 DMZ 분야의 전문 연구팀이다. 이 연구팀은 총 5년 동안 DMZ 접경지역을 직접 답사하면서 이 공간과 관련된 다양한 인문적 연구를 특화하여 수행했으며 다양한 원천콘텐츠를 축적했다. 이 책은 바로 이 연구팀 소속 연구진들의 지난 5년 동안의 경험을 토대로 한 답사기이다.

| 저자 소개(가나다 순) |

남경우
통일인문학/구술생애사 전공, 건국대학교 통일인문학연구단 전임연구원

박민철
한국현대철학 전공, 건국대학교 통일인문학연구단 및 대학원 통일인문학과 교수

박솔지
통일인문학/공간치유 전공, 건국대학교 통일인문학연구단 HK연구원

박영균
정치–사회철학 전공, 건국대학교 통일인문학연구단 및 대학원 통일인문학과 교수

윤태양
유가철학 전공, 성균관대학교 한국철학문화연구소 전임연구원

이의진
통일인문학 전공, 한국대학교육협의회 한국고등교육정보센터 연구원

조배준
서양철학 전공, 경희대학교 강사

DMZ 접경지역 기행 7 파주편

초판 1쇄 인쇄 2022년 04월 22일
초판 1쇄 발행 2022년 04월 29일

펴 낸 이   건국대학교 통일인문학연구단 DMZ연구팀
감   수   최익현
발 행 인   한정희
발 행 처   경인문화사
편   집   유지혜 김지선 한주연 이다빈 김윤진
마 케 팅   전병관 하재일 유인순
출판번호   제406–1973–000003호
주   소   경기도 파주시 회동길 445–1 경인빌딩 B동 4층
전   화   031–955–9300   팩   스   031–955–9310
홈페이지   www.kyunginp.co.kr
이 메 일   kyungin@kyunginp.co.kr

ISBN 978–89–499–6641–0 03910
값 15,000원